CONSERVAS

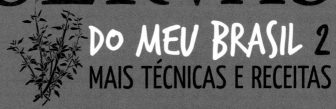

DO MEU BRASIL 2
MAIS TÉCNICAS E RECEITAS

Administração Regional do Senac no Estado de São Paulo
Presidente do Conselho Regional
Abram Szajman
Diretor do Departamento Regional
Luiz Francisco de A. Salgado
Superintendente Universitário e de Desenvolvimento
Luiz Carlos Dourado

Editora Senac São Paulo
Conselho Editorial
Luiz Francisco de A. Salgado
Luiz Carlos Dourado
Darcio Sayad Maia
Lucila Mara Sbrana Sciotti
Luís Américo Tousi Botelho

Gerente/Publisher
Luís Américo Tousi Botelho
Coordenação Editorial
Verônica Pirani de Oliveira
Prospecção
Andreza Fernandes dos Passos de Paula
Dolores Crisci Manzano
Paloma Marques Santos
Administrativo
Marina P. Alves
Comercial
Aldair Novais Pereira
Comunicação e Eventos
Tania Mayumi Doyama Natal

Edição e Preparação de Texto
Ana Luiza Candido
Coordenação de Revisão de Texto
Marcelo Nardeli
Revisão de Texto
Maitê Zickuhr
Projeto Gráfico, Capa e Editoração Eletrônica
Antonio Carlos De Angelis
Fotografias
Luna Garcia – Estúdio Gastronômico
Impressão e Acabamento
Gráfica Coan

Proibida a reprodução sem autorização expressa.
Todos os direitos desta edição no Brasil reservados à
Editora Senac São Paulo
Av. Engenheiro Eusébio Stevaux, 823 – Prédio Editora
Jurubatuba – CEP 04696-000 – São Paulo – SP
Tel. (11) 2187-4450
editora@sp.senac.br
https://www.editorasenacsp.com.br

© Editora Senac São Paulo, 2024

Dados Internacionais de Catalogação na Publicação (CIP)
(Simone M. P. Vieira - CRB 8ª/4771)

Gondim, Gil
   Conservas do meu Brasil 2: mais técnicas e receitas / Gil Gondim e Danilo Rolim. – São Paulo: Editora Senac São Paulo, 2024.

Bibliografia.
ISBN 978-85-396-4394-3 (Impresso/2024)
e-ISBN 978-85-396-4393-6 (E-Pub/2024)
e-ISBN 978-85-396-4381-3 (PDF/2024)

1. Culinária 2. Conservas : Alimentos (receitas e preparo) 3. Conservação de Alimentos – técnicas e preparo 4. Compotas 5. Geleias 6. Molhos e condimentos 7. Picles 8. Charcutaria 9. Bebidas I. Rolim, Danilo. II. Título.

24-2226s	CDD – 641.612
	641.852
	664.028
	BISAC CKB003000
	CKB015000 TEC012000

Índices para catálogo sistemático:
1. Culinária : Conservas   641.612
2. Culinária : Geleias e compotas   641.852
3. Conservação de alimentos : Tecnologia de alimentos   664.028

GIL GONDIM & DANILO ROLIM

CONSERVAS

DO MEU BRASIL 2
MAIS TÉCNICAS E RECEITAS

Editora Senac São Paulo – São Paulo – 2024

SUMÁRIO

Nota do editor, 7
Dedicatória, 8
Agradecimentos, 9
Prefácio, 11
Introdução, 13
Conservas para além do óbvio, 13
Técnicas, 14
 Seleção dos alimentos, 14
 Higienização da matéria-prima, 14
 Higienização de vidros, utensílios e panos de prato, 15
 Esterilização dos vidros, 15
 Esterilização das tampas, 16
 Envase, 16
 Pasteurização (vácuo), 16
 Teste do ponto (teste do pires) e envase de geleias, 17
 Medidas, 17

I. MOLHOS E CONDIMENTOS, 18

 Molho de tomate, 20
 Ketchup, 23
Mostardas, 24
 Mostarda à moda antiga, 25
 Caviar de mostarda, 25
Chutneys, 26
 Chutney de manga, 27
 Chutney de coco, 27
 Piccalilli, 28
Manteigas compostas, 30
 Manteiga de ervas, 31
 Exemplos de manteigas de ervas clássicas, 32
Manteigas compostas contemporâneas, 34
 Manteiga com cebola caramelizada e crispy de bacon, 35
 Manteiga com chocolate amargo e raspas de laranja, 37
Pimentas, 38
 Conserva de pimenta grelhada, 39
 Conserva de pimenta na cachaça, 40
 Conserva de pimenta no azeite, 43
 Molho de pimenta sriracha, 45
 Chili crunch, 46

2. PICLES E ESCABECHES, 48

Picles rápidos, 50
- Picles de pepino "bread & butter", 51
- Picles vietnamita, 52
- Picles de cebola roxa, 53

Tsukemonos: picles japoneses, 54
- Gari shoga, 55
- Sunomono, 56
- Nasu no tsukemono, 57

Escabeches, 58
- Escabeche de sardinha, 59
- Vinagrete de mariscos, 60

Picles fermentados, 62
- Picles em salmoura, 64
- Chucrute, 67
- Kimchi, 68

3. CHARCUTARIA, 71

- Patê de fígado, 72
- Confit de pato, 75
- Rillettes de porco, 76
- Salmão curado, 79

Terrines, 80
- Terrine de campagne, 80
- Terrine de polvo, 82
- Terrine de legumes, 84

4. DOCES, COMPOTAS E CRISTALIZADOS, 86

- Mangada verde, 89
- Bananada de corte, 90
- Doce de pau de mamão com coco, 92
- Marron glacé, 95
- Papos de anjo, 96
- Figada, 99
- Ambrosia, 100

Doces cristalizados, 102
- Mamão cristalizado, 103
- Casquinhas de laranja e limão cristalizadas, 104

5. GELEIAS E CURDS, 107

- Geleia de pimenta dedo-de-moça, 108
- Geleia de manga e maracujá, 111
- Geleia de hibisco com cranberry, 112
- Geleia de figo com limão-siciliano, 114
- Geleia de hortelã, 117

Curds de frutas, 118
- Curd de limão-siciliano, 119
- Curd de frutas vermelhas, 119

6. BEBIDAS, 120

Extratos aromáticos, 122
- Extrato de baunilha, 123
- Extrato de cumaru, 124
- Extrato de menta, 125

Bitters, 126
- Bitters de laranja, 127

Xaropes, 129
- Xarope simples, 129
- Xarope de frutas, 130
- Xarope de gengibre, 130
- Xarope de quinino, 131
- Xarope orgeat, 132
- Shrub, 134

Licores, 136
- Licores de frutas, 137
- Licor de maracujá, 137
- Licor de jabuticaba, 138
- Licor de cupuaçu, 141
- Limoncello e arancello, 142
- Licor de café, 144
- Licor de chocolate, 146
- Advocaat, 149
- Schnapps de canela, 150
- Licor de coco, 152
- Cachaça com mel e limão, 154

Referências, 156
Índice de receitas, 157
Sobre os autores, 158

NOTA DO EDITOR

Da necessidade de conservar alimentos, tão imprescindível à humanidade, surgiram inúmeras técnicas e procedimentos para prolongar a vida útil dos mais variados ingredientes. Diversas culturas do mundo desenvolveram seus próprios métodos de conservação, da salmoura à fermentação, e produtos únicos, que hoje são considerados verdadeiros tesouros gastronômicos.

Preparos cheios de história, e com um toque especial de brasilidade, recheiam *Conservas do meu Brasil 2: mais técnicas e receitas*, livro que dá continuidade ao belíssimo trabalho de Gil Gondim. Contando agora com a parceria de Danilo Rolim, estão reunidas aqui não só saborosas receitas do nosso Brasil como também de outros países, aumentando assim o acervo culinário dos leitores conquistados pelo primeiro volume.

Contemplando tradição e modernidade, é com grande satisfação que o Senac São Paulo traz a público uma obra tão valiosa, que certamente enriquecerá paladares e experiências.

Dedico este livro a Deus, que, por sua bondade, me capacitou a aprender e a transferir conhecimento.

Ao meu amado esposo, João Marcos, por ser meu maior incentivador e apoiador em tudo o que faço.

Aos meus pais, Carlin e Iêda, e meus irmãos Angelo e Glenda, que são minha base de família, meu porto seguro quando mais preciso.

Ao meu amigo e chef Danilo Rolim, por ter aceitado o convite cheio de desafios de escrever este livro comigo.

Aos amigos e leitores, meu carinho e respeito: vocês são especiais e essenciais em minha vida.

Gil Gondim

★ ★ ★

Dedico este livro à felicidade de todos os seres.

À Gil Gondim, que me confiou a honrosa tarefa de participar desta sequência de seu tão bem-sucedido livro *Conservas do meu Brasil: compotas, geleias e antepastos*.

Aos meus pais, que sempre me estimularam a explorar os mais diversos sabores.

E, finalmente, à Evorah, que foi sempre amorosa e paciente durante o tempo em que tive que me dedicar a esta obra.

Danilo Rolim

Agradecemos à Editora Senac São Paulo, pelo apoio incondicional para que conseguíssemos finalizar com maestria essa obra.

Às nossas amigas/irmãs Daniela Narciso, que aceitou o convite para escrever o prefácio, e Luna Garcia, que fotografou as receitas. Juntos somos mais fortes e felizes. Ter pessoas que tanto amamos envolvidas de forma direta nesta obra mostra o quanto tudo foi preparado com muito carinho.

PREFÁCIO

Mesmo tendo convivido com os autores, em uma relação de amizade e parceria profissional, e de conhecer a fundo o modo de cozinhar de ambos e o vasto repertório de receitas de cada um, sempre recorro ao *Conservas do meu Brasil: compotas, geleias e antepastos* nos (muitos) momentos em que desejo enriquecer minhas receitas. E agora, este será mais um livro que não sairá da bancada da minha cozinha.

Sabiamente, Danilo traz uma mistura entre a técnica impecável, baseada na sua vivência em uma das mais respeitadas e tradicionais escolas de cozinha da França (como podemos ver claramente nas receitas de manteigas compostas), e sua insaciável sede de pesquisa e conhecimento, que respeita nomenclaturas e explica o porquê das técnicas, sempre nos brindando com novidades (o crispy chili me surpreendeu positivamente).

Cada receita vem com pitadas de informações sobre sua origem, o que representa bem a essência (ou missão) de ambos os autores em ensinar, educar e compartilhar conhecimento – uma generosidade ímpar dos dois, não só na arte culinária como também na vida.

A começar com o capítulo dos molhos e condimentos, que são perfeitos aliados, uma carta na manga (ou, melhor, na geladeira) para enriquecer qualquer preparo. Desde a receita de molho de tomate artesanal, que é sucesso de vendas da Casa Gil Gondim Gastronomia há anos e colore com sabor suas deliciosas massas, às manteigas compostas que o Danilo prepara com rigor técnico e perfeição. Também podemos ver que a essência do primeiro livro está bem representada nas conservas de pimentas tipicamente brasileiras.

Quando chegamos às receitas de picles e escabeches, embarcamos em uma deliciosa viagem que nos transporta aos sabores da Inglaterra, Sudeste Asiático e Japão, somados a uma aula de cultura alimentar desses lugares. Além de resgatar receitas de um Brasil mais antigo, quando ainda tínhamos uma forte influência ibérica à mesa (com os escabeches e os fermentados em salmoura), que remetem à memória afetiva e de sabor da cozinha dos nossos avós.

As receitas de charcutaria, hoje tendência gastronômica bastante presente nas cozinhas autorais, são outros bons exemplos de conhecimento técnico impecável e de preservação de preparos antigos. Uma verdadeira aula para que os amantes da culinária clássica possam preparar patês, confits e terrines.

Então chegamos aos doces, de alma tão mineira. Receitas tão doces e generosas quanto a própria Gil. Das frutas às cascas cristalizadas, da típica bananada ao surpreendente doce de pau de mamão com coco e ao elegante marron glacé. Claro que não poderiam faltar as geleias, mas aposto que os curds serão uma doce surpresa, assim como o capítulo inteiro dedicado às bebidas, com infusões, bitters, xaropes e licores.

Juntar o preciosismo e a técnica de culinária de Danilo Rolim com a vasta experiência e a brasilidade de Gil Gondim torna este livro uma obra de originalidade ímpar, com uma gama de conhecimentos úteis para quem deseja aprender, fazer e vender, se aperfeiçoar ou apenas se aventurar e se divertir neste tema tão rico da atual gastronomia brasileira.

Daniela Narciso
Autora, curadora e professora de gastronomia

INTRODUÇÃO

Gil Gondim

CONSERVAS PARA ALÉM DO ÓBVIO

Danilo Rolim

Quando escrevi *Conservas do meu Brasil: compotas, geleias e antepastos*, em 2015, dispus de todo o meu conhecimento prático, cultivado desde a minha infância, e entreguei o meu melhor nas 58 receitas que fazem parte do livro.

O tempo passou e fui me aprofundando em mais métodos e percebendo que o mundo das conservas vai muito além e que eu poderia entregar mais para você, leitor. Para isso, precisei sair um pouco do meu universo e me aventurar nas técnicas primordiais francesas. Continuo a defender nossa rica biodiversidade, por isso, optei por intitular esta obra como *Conservas do meu Brasil 2: mais técnicas e receitas*.

Quanto mais me dedico a ensinar, mais percebo o que tenho a aprender, e na vida é necessário que estejamos prontos a dividir e multiplicar conhecimento. Foi pensando dessa forma que convidei o chef executivo Danilo Rolim, que tem uma vasta experiência com os procedimentos clássicos de conservas, para escrever este livro comigo.

O livro *Conservas do meu Brasil: compotas, geleias e antepastos* é uma obra de excelência e amplitude reconhecidas. Foi, portanto, com surpresa e certa apreensão que recebi o convite (quase intimação) para escrever com a Gil este segundo volume. Por um lado porque o primeiro livro parecia já haver praticamente exaurido o assunto das conservas brasileiras; por outro, porque, mesmo tendo crescido no interior de São Paulo, me faltava a vivência de produção de conservas que foi tão presente na vida da Gil.

Felizmente, ela se mostrou aberta à minha proposta de expandir o escopo deste livro, incluindo receitas que, apesar de não serem imediatamente associadas ao universo das conservas, compõem a grande tradição humana de prolongar a vida útil dos alimentos, seja por transformações químicas, térmicas ou biológicas.

Outro ponto que talvez possa causar estranhamento é a diversidade de origens das receitas, uma vez que desrespeitam as fronteiras geográficas de nosso país. Essa foi mais uma concessão que a Gil me fez, dado meu repertório limitado nesse tema, especialmente quando circunscrito à cozinha nacional. Porém espero que essa variedade seja satisfatória ao leitor, que, se não estiver completamente familiarizado com as preparações, poderá desbravar novos sabores com receitas selecionadas para o público do meu Brasil.

TÉCNICAS

Antes de iniciarmos a apresentação das receitas, é fundamental aprendermos as técnicas que serão empregadas ao longo deste livro e que farão toda a diferença na qualidade das conservas. Instruções específicas de algumas receitas devem ser seguidas conforme o indicado aqui.

Seleção dos alimentos

Escolha a matéria-prima de acordo com a sazonalidade para aproveitar melhor o sabor de cada ingrediente. As frutas e os legumes devem estar firmes e maduros. Retire as partes amassadas ou estragadas para evitar a alta atividade de enzimas que prejudicam o sabor e a preservação do produto.

Higienização da matéria-prima

As frutas e os legumes devem ser lavados em água corrente (os que serão preparados com casca devem ser lavados com uma buchinha específica para esse fim). Depois, devem ser higienizados com uma solução desinfetante, que pode ser adquirida em supermercados ou preparada em casa usando-se uma das seguintes receitas:

- *Solução de hipoclorito de sódio (água sanitária):* misture 1 colher (sopa) de água sanitária para cada litro de água. Deixe os alimentos mergulhados por 15 minutos. Em seguida, lave-os em água corrente.

- *Solução de peróxido de hidrogênio (água oxigenada):* misture 1 colher (sopa) de água oxigenada 10 volumes (3%) para cada litro de água. Deixe os alimentos mergulhados por 15 minutos. Em seguida, lave-os em água corrente.

Higienização de vidros, utensílios e panos de prato

Além da higienização da matéria-prima, é necessário lavar todo o material que será utilizado no preparo das conservas. Isso inclui talheres, peneiras, tábuas, panelas, facas, pinças, escorredores, etc. Deixe-os de molho na solução de hipoclorito de sódio ou peróxido de hidrogênio apresentada anteriormente.

Os panos de prato devem ser brancos, de algodão e sem detalhes. Lave-os em água quente com sabão em pó e água sanitária. Passe-os com ferro quente e guarde-os dentro de saquinhos plásticos novos. Use-os somente para trabalhar com as conservas.

Os vidros, mesmo sendo novos (recomendado), devem ser lavados com bucha e detergente e enxaguados abundantemente em água corrente. Depois, devem ser deixados de molho na solução de hipoclorito de sódio ou peróxido de hidrogênio.

Esterilização dos vidros

De todo o processo, esta etapa é, sem dúvidas, uma das mais importantes.

Forre o fundo de um tacho (ou de uma panela) com um pano limpo e disponha os frascos de vidro que serão utilizados no dia. Coloque água suficiente para cobrir completamente os potes e deixe ferver durante 10 minutos. Então, com uma pinça esterilizada, retire-os e deixe-os de cabeça para baixo em um pano limpo e esterilizado para a água escorrer. Em seguida, coloque os vidros em uma assadeira, com a boca para cima. Preaqueça o forno a 110 °C (temperatura baixa) – a temperatura não deve ser mais alta para não rachar os recipientes. Leve os frascos ao forno e deixe-os secar por 8 minutos. Utilize-os o quanto antes.

15

Esterilização das tampas

As tampas deverão seguir o mesmo procedimento dos vidros, porém em tempo menor: deixe-as na água fervente por 2 minutos e no forno pelo mesmo tempo. Sempre utilize tampas de alumínio novas, pois o anel de vedação se desgasta com o tempo.

O mesmo processo vale para as rolhas e tampas de garrafas que serão utilizadas para conservar as bebidas.

Envase

A menos que a receita indique o contrário, o alimento deve ser envasado ainda quente, seja ele um doce, uma compota, uma conserva ou uma geleia. Encha por completo os vidros. No caso das geleias, deixe 2 cm de borda. Após encher os frascos, se necessário, retire o ar com o auxílio de uma faca esterilizada, eliminando quaisquer bolsões de ar que restem dentro do recipiente. Com a tampa esterilizada, feche bem o pote.

O envase deve ser feito em uma superfície plana e em temperatura ambiente. Não coloque os vidros diretamente em superfícies como mármores, granitos ou inox frio, pois isso pode rachá-los devido ao choque térmico. Lembre-se de não colocar as mãos desprotegidas nos vidros para evitar queimaduras. É preciso ter muito cuidado durante o processo de envase; nesse momento, a atenção com a higiene deve ser redobrada.

Pasteurização (vácuo)

Esta etapa assegura a durabilidade do alimento. Feito o procedimento a vácuo, a maioria dos contaminantes não poderá se desenvolver na ausência de oxigênio, bem como depois do processamento a altas temperaturas.

Para a pasteurização, é necessário colocar um pano no fundo de um tacho (ou de uma panela), dispor os vidros já lacrados, cobri-los com água acima da tampa e fervê-los de acordo com a indicação a seguir (ou conforme vier descrito na receita):

- Vidros de até 270 mL: 10 minutos
- Vidros de 270 mL a 500 mL: 15 minutos
- Vidros acima de 500 mL: 30 minutos

Os minutos devem ser contados a partir do momento em que a água começar a ferver. Deixe os vidros na água até esfriar.

Importante: alguns patógenos, como o Clostridium botulinum, produzem esporos que continuam viáveis mesmo quando expostos a temperaturas de 100 °C. Conservas com alto teor de acidez, salinidade ou concentração de açúcar inibem seu desenvolvimento, bem como as baixas temperaturas da geladeira.

Teste do ponto (teste do pires) e envase de geleias

Para testar o ponto da geleia, é preciso fazer o teste do pires. Leve um pires ao freezer até ficar frio (de 10 a 15 minutos). Retire-o do freezer e coloque nele uma colher da geleia que estiver em preparo. Se ela ficar com consistência de gel, está no ponto.

As geleias não devem ser pasteurizadas, pois apresentam uma consistência delicada e passam do ponto facilmente. A conservação ocorre de forma natural por conterem açúcar e ácido em uma ótima proporção, o que prolonga a sua validade. Além disso, devem ser envasadas ainda quentes. Após o envase, tampe-as e deixe os vidros de cabeça para baixo por 2 minutos para criar o vácuo. Depois, desvire o recipiente e verifique se as tampas estão bem lacradas.

Medidas

As receitas deste livro estão quase totalmente descritas em gramas, mililitros e litros. Isso é de grande valia para garantir a precisão e padronização das receitas, bem como auxiliar no planejamento das compras. Para tanto, é indicado o uso de uma balança digital com precisão de 1 g e capacidade máxima de 2 kg (há muitas opções disponíveis no mercado).

Para algumas receitas, é possível fazer a conversão seguindo a tabela de conversão de medidas, no entanto, devido a variações na compactação e densidade, a imprecisão costuma ser grande e essa forma de medição não deve ser utilizada em receitas que dependem de quantidades precisas para garantir a segurança para consumo, como nas conservas fermentadas.

Tabela de conversão de medidas

		mililitros	gramas
Açúcar	xícara de chá	240 mL	200 g
	colher de sopa	15 mL	12 g
	colher de chá	5 mL	4 g
Sal	xícara de chá	240 mL	280 g
	colher de sopa	15 mL	17 g
	colher de chá	5 mL	5 g
Farinha de trigo	xícara de chá	240 mL	140 g
	colher de sopa	15 mL	9 g
	colher de chá	5 mL	3 g

MOLHOS E CONDIMENTOS

Molhos e condimentos, embora não sejam os elementos principais de uma refeição, são um dos pontos mais importantes para a gastronomia, no geral, e para a cultura das conservas, em específico. Obviamente, as técnicas de conservação não se aplicam a todos os tipos de molhos, no entanto, é fácil dar início ao aprendizado delas com alguns molhos e condimentos como os que serão apresentados a seguir, principalmente porque qualquer iniciante consegue, seguindo os passos corretamente, obter já de primeira resultados muito satisfatórios e encorajantes, seja pelo potencial de conservação, seja pela experiência de criar um produto capaz de transformar as refeições do dia a dia.

MOLHO DE TOMATE

O tomate é um grande aliado para enriquecer o sabor dos pratos. Este molho é ideal para massas, tanto frescas quanto secas, podendo também compor pratos como lasanha e bife à parmegiana. Outra possibilidade deste molho é substituir o manjericão por outras ervas, azeitonas pretas ou cogumelos.

1 kg de tomates maduros (ou tomates sem pele em lata)

50 mL de azeite de oliva

3 dentes de alho picados

6 ramos de manjericão (cerca de 30 g)

10 g de sal

50 g de açúcar

Noz-moscada a gosto

Pimenta-do-reino branca a gosto

1. Caso utilize os tomates maduros, faça um corte superficial em X na base dos frutos e coloque-os em uma panela com água fervente por 1 minuto, logo retirando e passando-os para uma tigela com água e gelo para interromper o cozimento e soltar a pele. Assim que estiverem frios, retire a pele e a parte dura do pedúnculo dos tomates.

2. Bata no liquidificador, na função pulsar, os tomates sem pele até não restar pedaços grandes, mas ainda mantendo alguma textura.

3. Em uma panela funda, aqueça em fogo médio-alto o azeite e refogue o alho picado até que comece a dourar. Adicione os ramos de manjericão lavados e secos e frite por 30 segundos.

4. Adicione os tomates batidos e os demais ingredientes. Misture até levantar fervura.

5. Abaixe o fogo e cozinhe destampado, mexendo ocasionalmente, por 40 minutos ou até atingir o ponto desejado.

6. Use imediatamente ou envase ainda quente em vidros esterilizados e pasteurize.

★ *Embora tenha certa acidez, não é o suficiente para garantir uma conserva de longa vida sem adição de conservantes ou esterilização dos vidros de molho sob pressão, acima de 120 ºC; assim, mesmo depois de realizar o processo de pasteurização, mantenha o molho refrigerado e consumo-o em até 1 mês.*

Preparo: 20 min
Cozimento: 1 h
Rendimento: 800 g

KETCHUP

Embora seja a quintessência da cultura gastronômica do fast food, a origem do ketchup está na refinada cozinha da comunidade chinesa que vivia na Malásia Peninsular. Foi de lá que comerciantes ingleses e holandeses trouxeram, no século XVII, um molho à base de peixe fermentado e sal. Desconhecendo o método de preparo, cozinheiros europeus tentaram replicá-lo com ingredientes locais e criaram algumas versões, como o ketchup de cogumelos, que era bastante popular no século XIX. No entanto, foi de fato nos Estados Unidos onde surgiu a versão de tomate desse molho agridoce e viciante.

15 mL de óleo de soja, milho, canola ou girassol

3 dentes de alho picados

50 g de cebola picada

200 g de extrato de tomate

120 g de açúcar

120 mL de vinagre de maçã ou de vinagre de vinho branco

50 mL de água

20 g de sal

Pimenta-do-reino a gosto

Noz-moscada a gosto

1. Em uma panela média, aqueça o óleo e refogue o alho e a cebola até que comecem a dourar.

2. Adicione os demais ingredientes e misture em fogo alto até começar a ferver. Em seguida, abaixe o fogo.

3. Cozinhe em fogo baixo por 4 a 5 minutos ou até que esteja espesso e com brilho.

4. Consuma imediatamente, assim que esfriar, ou enva-se ainda quente em recipiente esterilizado. Se pasteurizado adequadamente, pode ser consumido em até 6 meses.

★ *Experimente adicionar uma colher de chá de páprica picante ao final do refogado para fazer o molho das tradicionais batatas bravas espanholas, ou ainda uma colher de chá de curry no início do cozimento para fazer o molho do currywurst berlinense.*

Preparo: 10 min
Cozimento: 10 min
Rendimento: 500 g

MOSTARDAS

O termo "mostarda" deriva das palavras em latim mustum ("mosto") e ardens ("ardido"). Sua picância vem de compostos chamados isotiocianatos, que são altamente voláteis, uma das razões pelas quais as mostardas fortes (e o wasabi, que pertence à mesma família) dão a famosa sensação de "queimar o nariz" por dentro. Devido a essa volatilidade, quando se usa a mostarda em uma preparação, ela deve ser adicionada ao final do cozimento. As receitas apresentadas podem ser feitas com sementes de mostarda amarela (mais suave) ou escura (mais forte), sendo que mesmo a semente escura é clara por dentro. A mistura entre as sementes amarelas e escuras fica visualmente interessante.

MOSTARDA À MODA ANTIGA

100 g de sementes de mostarda (amarela ou escura ou uma mistura delas)

120 mL de vinho branco seco

120 mL de vinagre de vinho branco

15 g de sal

Opcionais: mel, açúcar, pimenta-do-reino, pimenta-rosa, xarope de frutas vermelhas, etc.

1. Em um recipiente com tampa, misture a mostarda, o vinho, o vinagre e o sal. Tampe e reserve em temperatura ambiente por 24 horas.

2. Reserve ¼ das sementes de mostarda, que estarão bem inchadas e macias, e bata o restante no liquidificador até obter uma pasta homogênea. Caso seja necessário, adicione mais vinagre, uma colher por vez.

3. Em uma tigela, misture a pasta batida com as sementes reservadas e ajuste o sabor como desejar, acrescentando mel, açúcar, especiarias, etc.

4. Envase em um recipiente esterilizado e reserve na geladeira por pelo menos 1 semana antes de consumir para suavizar o sabor.

★ *Para fazer mostarda de dijon, bata bem todos os grãos e passe a mistura por uma peneira fina com a ajuda de uma colher ou espátula.*

★ *O ideal é não pasteurizar a mostarda, para que ela não perca sua picância. A alta acidez obtida pela adição de vinagre é suficiente para garantir uma validade de pelo menos 3 meses, seguindo rigorosamente as instruções de manipulação. Depois de aberta, mantenha-a refrigerada.*

Preparo: 15 min
Demolho: 24 h
Rendimento: 350 g

CAVIAR DE MOSTARDA

500 mL de água fria

100 g de sementes de mostarda (amarela ou escura ou uma mistura delas)

200 mL de vinagre de sua preferência

50 g de açúcar

10 g de sal

1. Em uma panela pequena, coloque a água e as sementes de mostarda e leve ao fogo. Assim que ferver, deixe cozinhar por 5 minutos. Em seguida, escorra e, com uma peneira, enxágue as sementes.

2. Volte as sementes para a panela e adicione os demais ingredientes. Cozinhe em fogo baixo, mexendo sempre, por cerca de 30 minutos. Se necessário, adicione água aos poucos para não secar. As sementes devem ficar macias o suficiente para estourarem facilmente quando mordidas, mas sem se desfazerem.

3. Envase ainda quente em um recipiente esterilizado e guarde refrigerado. Pode ser mantido em geladeira por até 1 mês.

★ *O caviar de mostarda tem um sabor bem mais suave, uma vez que os grãos de mostarda passam por um longo cozimento. Esse condimento traz uma textura muito interessante e equilibra com sua acidez agradável alimentos gordurosos, sendo ótimo para compor uma tábua de charcutaria ou para acompanhar churrascos.*

Preparo: 5 min
Cozimento: 50 min
Rendimento: 400 g

CHUTNEYS

Chutney é o nome dado a um grande conjunto de molhos de origem indiana. Geralmente com sabor agridoce e rico em especiarias, são servidos com pratos principais ou com pães, compondo entradas. Preparados a partir de diversos ingredientes, podem ser frescos e leves, como iogurte com ervas frescas, ou mesmo ter a consistência de densas geleias. As receitas apresentadas são apenas duas das várias possibilidades de chutneys.

CHUTNEY DE MANGA

---

1 colher (chá) de sementes de mostarda

½ colher (chá) de sementes de cominho

2 g (1 colher de chá) de sementes de coentro

1 kg de manga verde (sem casca e sem caroço) picada

200 g de cebola roxa picada

30 g de pimenta dedo-de-moça picada

30 g de gengibre fresco ralado

250 mL de vinagre branco

150 g de açúcar

Sal a gosto

Pimenta-do-reino a gosto

---

1. Aqueça uma panela média em fogo médio por 30 segundos e adicione as sementes a seco, mexendo vigorosamente por mais 30 segundos.

2. Adicione a manga, a cebola, a pimenta, o gengibre, o vinagre e o açúcar. Cozinhe em fogo baixo por 30 minutos ou até que o chutney atinja a consistência de geleia. Ajuste o tempero com sal e pimenta-do-reino.

3. Consuma imediatamente ou envase ainda quente em potes esterilizados. Pode ser guardado na geladeira por até 3 meses.

Preparo: 15 min
Cozimento: 40 min
Rendimento: 1,2 kg

CHUTNEY DE COCO

---

400 g de coco fresco ralado

100 g de amendoins torrados

50 g de gengibre fresco ralado

3 dentes de alho inteiros

1 pimenta-malagueta verde (ou a gosto)

15 mL de óleo de coco

50 g de cebola cortada em fatias finas

½ colher (chá) de sementes de cominho

20 g de flocos de coco seco ou coco em fita

Sal a gosto

Açúcar a gosto

---

1. Bata no liquidificador o coco fresco, os amendoins, o gengibre, o alho e a pimenta-malagueta. Adicione água filtrada aos poucos até obter uma consistência de coalhada seca. Reserve.

2. Em uma frigideira, aqueça o óleo de coco e refogue a cebola, as sementes de cominho e os flocos de coco até dourar. Misture o refogado ao creme de coco reservado e ajuste o sal e o açúcar.

3. Este chutney deve ser consumido fresco e guardado refrigerado por até 3 dias.

Preparo: 10 min
Cozimento: 5 min
Rendimento: 600 g

PICCALILLI

O piccalilli é uma interpretação inglesa do chutney indiano. Surgida no século XVIII, a receita substitui a miríade de temperos tropicais asiáticos por produtos que, à época, eram mais acessíveis, como mostarda e sementes de coentro. É um excelente acompanhamento para charcutaria e cria um ótimo contraste com queijos maduros, como um bom cheddar inglês.

500 g de couve-flor

200 g de pepino

200 g de abobrinha italiana

100 g de cebola

100 g de vagem

30 g de sal

600 mL de vinagre

30 g de mostarda em pó

½ colher (sopa) de sementes de coentro

½ colher (chá) de sementes de cominho

1 colher (chá) de sementes de mostarda

1 colher (chá) de cúrcuma

50 g de farinha de trigo

200 g de açúcar

2 folhas de louro

1. Lave bem e corte os vegetais em pedaços de cerca de 3 cm. Coloque-os em uma tigela grande, adicione o sal, misture e reserve coberto com filme plástico ou com a própria tampa da tigela, se houver, por 4 horas. Depois, coloque os vegetais em um escorredor e passe-os por água corrente para tirar o excesso de sal. Deixe escorrendo.

2. Em uma tigela pequena, misture 100 mL do vinagre, a mostarda em pó, as sementes, a cúrcuma e a farinha de trigo até formar uma pasta. Reserve.

3. Em uma panela, aqueça o restante do vinagre, o açúcar e as folhas de louro até que o açúcar dissolva, então adicione a pasta reservada, misturando bem até engrossar.

4. Adicione os vegetais escorridos e deixe cozinhar por 5 minutos, para que os vegetais cozinhem, mas se mantenham al dente. Ajuste o sal.

5. Envase em vidros esterilizados ainda quente e pasteurize. Pode ser conservado fechado por até 3 meses fora da geladeira. Após aberto, mantenha na geladeira e consuma em até 1 semana.

Preparo: 30 min + 4 h de espera
Cozimento: 15 min
Rendimento: 1,8 kg

MANTEIGAS COMPOSTAS

As manteigas compostas são uma ótima forma de preservar ervas e outros ingredientes sensíveis à oxidação. Além disso, são quase um molho instantâneo para finalizar pratos salgados ou doces.

Para conservá-la, depois de pronta, coloque a manteiga composta ainda pastosa sobre uma camada dupla de filme plástico e enrole-a, como que formando uma salsicha. Leve-a à geladeira para endurecer, onde pode ser mantida por 15 dias. Congelada, ela se conserva por até 3 meses. Para servir, retire o filme da manteiga ainda dura e corte rodelas do tamanho necessário para sua preparação. Outra possibilidade é colocar a manteiga em um saco de confeitar com bico e moldar as porções em uma assadeira forrada antes de levar ao congelador para firmar. Depois, as porções podem ser mantidas em um recipiente fechado no congelador.

MANTEIGA DE ERVAS

Esta é uma das melhores aplicações desta técnica de preservação de ervas frescas, especialmente para aquelas que são usadas em pequenas quantidades, como estragão, sálvia, alecrim e tomilho, e que perderiam seu frescor se congeladas diretamente. Ter um bloco de manteiga de estragão no congelador é estratégico para garantir o molho béarnaise que transforma o bife com batatas fritas em um sofisticado steak au frites. Já uma manteiga de sálvia com um toque de alho fresco pode ser todo o molho necessário para finalizar um prato de massa, tão fácil quanto e muito melhor que qualquer macarrão instantâneo.

100 g de manteiga sem sal

50 g de ervas frescas (como salsinha, cebolinha, manjericão, coentro, estragão, alecrim, cerefólio, dill, nirá, sálvia, tomilho)

1. Coloque a manteiga em uma tigela e deixe-a chegar à temperatura ambiente.

2. Lave e higienize as ervas, em seguida, seque-as bem. Pique-as finamente e misture à manteiga. Caso deseje, adicione outros temperos, como alho, pimenta-do-reino, páprica, etc.

3. Estique na bancada de trabalho uma camada de filme plástico de 20 cm de comprimento e sobre ela outra camada de igual tamanho. Coloque a manteiga composta no centro do filme. Dobre a parte superior do filme sobre a inferior, envelopando a manteiga, e aperte as pontas laterais, para que não vaze.

4. Leve à geladeira para que fique firme. Pode ser conservada na geladeira por 2 semanas ou congelada por 3 meses.

Preparo: 15 min
Cozimento: —
Rendimento: 150 g

EXEMPLOS DE MANTEIGAS DE ERVAS CLÁSSICAS

MANTEIGA DE ESCARGOT

Esta manteiga é utilizada na preparação dos caracóis, mas também pode ser usada para refogar frutos do mar, cogumelos, legumes, etc. Siga o mesmo modo de preparo da manteiga de ervas.

Preparo: 10 min
Cozimento: —
Rendimento: 150 g

- 100 g de manteiga
- 30 g de salsinha picada
- 30 g de chalota picada
- 1 dente de alho amassado
- 5 mL de pastis (opcional)
- Sal a gosto
- Pimenta-do-reino a gosto

MANTEIGA CAFÉ DE PARIS

Pode ser servida sobre carne grelhada. Siga o mesmo modo de preparo da manteiga de ervas.

Preparo: 10 min
Cozimento: —
Rendimento: 180 g

- 100 g de manteiga
- 15 g de alcaparras picadas
- 15 g de cebola roxa picada
- 1 dente de alho amassado
- 5 g de mostarda de dijon
- 15 g de salsinha picada
- 15 mL de molho inglês
- 10 g de extrato de tomate
- Sal a gosto
- Páprica a gosto
- Pimenta-do-reino a gosto

MANTEIGAS COMPOSTAS CONTEMPORÂNEAS

Praticamente uma febre nas redes sociais, as criações com manteiga composta fazem sucesso por sua simplicidade e, principalmente, por serem deliciosas, o que fica claro mesmo em receitas resumidas para caberem em vídeos virais.

A técnica é sempre a mesma: preparar e picar os ingredientes e deixar que esfriem. Quando estiverem em temperatura ambiente, assim como a manteiga, misture tudo! Sirva sobre o prato finalizado quente ou utilize no preparo como um molho.

MANTEIGA COM CEBOLA CARAMELIZADA E CRISPY DE BACON

200 g de bacon fatiado

200 g de cebola finamente fatiada

100 g de manteiga

1. Em uma frigideira fria, disponha as fatias de bacon em uma só camada. Leve ao fogo baixo até que estejam bem douradas e sequinhas. Retire as fatias e coloque-as sobre papel-toalha.

2. Na mesma frigideira com a gordura do bacon, refogue a cebola, mexendo sempre por cerca de 15 minutos ou até que esteja bem caramelizada. Escorra e coloque em uma tigela para esfriar.

3. Pique bem o bacon, misture à cebola já fria e junte a manteiga em temperatura ambiente.

4. Embale conforme o procedimento apresentado na receita de manteiga de ervas. Pode ser conservada na geladeira por 2 semanas ou congelada por 3 meses.

★ *Utilize em massas, para fazer torradas, finalizar legumes no vapor, etc.*

Preparo: 5 min
Cozimento: 15 min
Rendimento: 300 g

MANTEIGA COM CHOCOLATE AMARGO E RASPAS DE LARANJA

100 g de chocolate amargo

raspas de 1 laranja-baía

100 g de manteiga

30 g de açúcar de confeiteiro

15 mL de licor arancello (opcional)

1. Pique bem o chocolate, em seguida, coloque-o em uma tigela com os demais ingredientes.

2. Misture bem para incorporar tudo, inclusive o licor.

3. Embale conforme o procedimento apresentado na receita de manteiga de ervas. Pode ser conservada na geladeira por 2 semanas ou congelada por 3 meses.

★ *Sirva sobre rabanadas, panquecas ou waffles quentes. Experimente também substituir o chocolate amargo por branco, a laranja por limão-siciliano e o arancello por limoncello.*

Preparo: 10 min
Cozimento: —
Rendimento: 230 g

PIMENTAS

Ao tratarmos de condimentos neste livro, é fundamental explorarmos as pimentas. Já que a chamada pimenta-do-reino, a Piper nigrum, não é comercializada fresca, pois é altamente perecível e precisa ser processada logo depois de colhida, vamos nos concentrar nas pimentas do gênero Capsicum, do qual fazem parte a dedo-de-moça, a malagueta, a chili, a jalapeño e o pimentão.

Originárias do continente americano, sua picância se deve ao composto químico capsaicina, que ativa nos mamíferos os receptores de calor, o que evita que elas sejam devoradas por esses animais. A mesma substância, no entanto, é inofensiva às aves, que não trituram as sementes e as dispersam. No entanto, foi o sabor provocado por esse mecanismo de defesa que atraiu a humanidade e introduziu a enorme variedade de pimentas em diversas culinárias do mundo.

Ao preparar as conservas de pimenta, devemos levar em conta que a capsaicina é insolúvel em água, levemente solúvel em álcool e solúvel em óleo. Assim, podemos ajustar a picância da variedade da pimenta ao meio em que vamos conservá-la para extrair mais ou menos de sua intensidade.

CONSERVA DE PIMENTA GRELHADA

Esta conserva é especialmente boa para pimentas suaves, que não costumam causar um sofrimento excruciante quando comidas. É claro que isso está relacionado à tolerância pessoal, mas algumas sugestões que podem ser usadas nessa receita são: pimentão, pimenta cambuci, pimenta-de--cheiro, jalapeño e dedo-de-moça.

200 g de pimentas frescas
15 mL de óleo vegetal
100 mL de vinagre
100 mL de água filtrada
10 g de sal

1. Lave, higienize e seque as pimentas. Retire os pedúnculos.

2. Aqueça bem uma frigideira, de preferência de ferro. Evite as antiaderentes, pois não aguentam altas temperaturas. Adicione o óleo e doure as pimentas, um lado por vez, até que fiquem bem marcadas.

3. Acomode as pimentas em um recipiente esterilizado.

4. Em uma tigela, combine o vinagre, a água e o sal. Preencha o recipiente contendo as pimentas com essa mistura, certificando-se de que todas estejam cobertas pelo líquido.

5. Feche o recipiente e pasteurize. Consuma em até 6 meses.

★ *Caso prefira, é muito saboroso fazer pimentas grelhadas para o consumo imediato, seguindo apenas os dois primeiros passos e finalizando com um fio de azeite e flor de sal. Na Espanha, há uma tapa tradicional chamada pimientos de padrón, que são feitas dessa maneira utilizando pimentas de mesmo nome. As pimentas-de-cheiro doces ou as pimentas cambuci são excelentes substitutas.*

Preparo: 30 min
Cozimento: 10 min
Rendimento: 400 g

CONSERVA DE PIMENTA NA CACHAÇA

Conservar pimentas na cachaça é um método muito popular e que apresenta algumas vantagens e características próprias. Primeiramente, traz o álcool como conservante (por lei, a cachaça deve ter entre 38% e 48% de teor alcoólico), que evita a proliferação de micro-organismos e preserva as pimentas, desde que estejam cobertas pelo líquido. O álcool também é um excelente solvente, particularmente de compostos aromáticos, como veremos em mais detalhes no capítulo sobre bebidas, além de ser capaz de dissolver parcialmente a capsaicina. A essas vantagens técnicas, somam-se as qualidades gustativas que uma boa cachaça pode trazer à sua receita.

500 g de pimentas frescas (como dedo-de-moça, malagueta, bode, comari, de cheiro, biquinho, jalapeño)
1 L de água
10 g de sal
500 mL de cachaça
Opcionais: alho, cebola, ervas secas e ervas frescas

1. Lave e higienize as pimentas (e os aromáticos frescos, se for o caso). Fure as pimentas com a ponta de uma faca.

2. Coloque uma panela com a água para ferver. Adicione as pimentas e cozinhe-as por 5 minutos. Se optar por acrescentar aromáticos frescos, como cebola e alho, cozinhe-os pelo mesmo tempo; se forem ervas frescas, por apenas 30 segundos. Ervas secas não precisam ser cozidas.

3. Deixe escorrer bem e coloque os vegetais ainda quentes em vidros esterilizados e secos.

4. Dissolva o sal na cachaça e cubra as pimentas com a mistura.

5. Tampe e guarde por pelo menos 2 semanas antes de consumir. Não pasteurize, pois o álcool entra em ebulição em temperatura mais baixa que a água e pode gerar pressão excessiva nos vidros.

★ *É possível ir repondo a cachaça à medida que se consome a conserva, ou completá-la com óleo ou azeite. O que não se deve fazer é deixar as pimentas da superfície expostas ao ar, pois sem a cobertura da cachaça elas irão rapidamente oxidar e poderão estragar todo o vidro. Então, se preferir não diluir o restante da conserva, consuma as pimentas da superfície ou as descarte antes que isso ocorra. De qualquer maneira, consuma em até 1 ano.*

Preparo: 20 min
Cozimento: 10 min
Rendimento: 1 kg

CONSERVA DE PIMENTA NO AZEITE

O azeite e os óleos, em geral, são excelentes para se fazer conservas de pimenta, pois extraem o sabor e a picância de maneira única. É preciso, porém, tomar muito cuidado ao produzi-las, uma vez que a conserva no azeite é um meio anaeróbico, portanto, propício à proliferação da bactéria causadora do botulismo. Para garantir a segurança da conserva, é preciso baixar o pH com o cozimento em vinagre antes de envasar as pimentas e cobri-las com o azeite.

500 g de pimentas frescas (como dedo-de-moça, malagueta, biquinho, cambuci, comari, bode, jalapeño)

500 mL de vinagre

20 g de sal

500 mL de azeite ou óleo vegetal

Opcionais: alho, cebola e ervas secas

1. Lave e higienize as pimentas e os aromáticos, se for o caso. Fure as pimentas com a ponta de uma faca.

2. Aqueça o vinagre com o sal, as pimentas e os aromáticos em uma panela pequena. Se for necessário, complete com mais vinagre.

3. Deixe ferver por 15 minutos, desligue o fogo e tampe a panela. Reserve em temperatura ambiente por 24 horas.

4. Volte a panela ao fogo e desligue assim que ferver. Escorra as pimentas e coloque-as, ainda quentes, no vidro esterilizado.

5. Cubra as pimentas com o azeite, feche e pasteurize. Armazene o frasco em temperatura ambiente por pelo menos 1 mês antes de consumir. Depois de aberto, reponha o azeite consumido para que as pimentas permaneçam cobertas. Consuma em até 1 ano.

Preparo: 20 min + 24 h de demolho
Cozimento: 30 min
Rendimento: 1 kg

MOLHO DE PIMENTA SRIRACHA

O sriracha é um molho de pimenta cremoso, de vermelho intenso, com picância média e sabor equilibrado entre o doce, o salgado e o azedo, além de notas características do alho. É originário da cidade tailandesa de Si Racha, porém, imigrantes do vizinho Vietnã, com o fim da guerra contra os norte-americanos, na década de 1970, levaram a receita para os Estados Unidos, e também a grafia vietnamita: sriracha.

Na receita original, é usada uma pimenta tailandesa, a prik chi fah, uma pimenta de vermelho intenso e picância bem moderada. Na produção nos Estados Unidos, ela foi substituída por jalapeños maduras, que apresentam características semelhantes. Como ambas as opções são pouco disponíveis por aqui, esta receita combina dedo-de-moça com pimentões vermelhos.

200 g de pimenta dedo-de-moça
150 g de pimentão vermelho
30 g de alho
500 mL de vinagre de álcool ou de vinagre de vinho branco
300 g de açúcar
30 g de sal

1. Lave as pimentas e o pimentão, corte-os em pedaços e retire as sementes. Descasque o alho e amasse-o levemente com a faca.

2. Coloque a pimenta, o pimentão, o alho e o vinagre em uma panela pequena e leve ao fogo médio até levantar fervura. Abaixe o fogo e cozinhe por 15 minutos.

3. Transfira para um liquidificador e bata até ficar homogêneo. (Cuidado com o vapor ao bater líquidos quentes, coloque no máximo ¼ da capacidade do copo e comece batendo no modo pulsar.)

4. Coe com uma peneira de volta para a panela e adicione o açúcar e o sal.

5. Aqueça mexendo até voltar à fervura. Ajuste o sal e o açúcar, se necessário.

6. Guarde ainda quente em um vidro esterilizado e pasteurize ou consuma imediatamente. Depois de aberto, deve ser mantido na geladeira por até 3 meses.

★ *Além de complementar perfeitamente pratos asiáticos como pad thai, báhn mì ou phở bò, o molho sriracha pode ser um substituto do ketchup para aqueles que preferem arrematar seus pratos e sanduíches com um toque mais intenso. Fica especialmente bom com pastel de carne!*

Preparo: 15 min
Cozimento: 30 min
Rendimento: 1 kg

CHILI CRUNCH

Também conhecido como crispy chili, chili crunch é como a receita chinesa de flocos crocantes de pimenta-vermelha seca, com alho e cebola fritos com outros aromáticos em óleo, ficou conhecida ao viralizar durante a pandemia – quando o desejo de deixar os pratos mais saborosos se tornou uma forma de autocuidado e preservação da saúde mental.

Ainda que o chili crunch que virou febre seja um produto industrializado, em seu país de origem o xiāng là cuì é normalmente uma preparação artesanal ou caseira, com diversas variações. Apresentamos uma receita simplificada, mas que mantém a essência do original.

★ *Experimente o chili crunch sobre ovos fritos, no lámen, com vegetais no vapor, ou onde quer que a crocância e o ardor desta conserva se façam necessários. É sempre possível ajustar a picância aumentando ou diminuindo a proporção de pimenta seca em relação aos outros ingredientes, no entanto, evite exageros para não esconder os demais sabores.*

Preparo: 15 min
Cozimento: 40 min
Rendimento: 700 g

---

250 g de cebola

400 mL de óleo de soja, milho, canola ou girassol

100 g de alho

50 g de pimenta-calabresa em flocos ou pimenta coreana em flocos (gochugaru)

10 g de páprica doce

30 g de gergelim torrado (opcional)

5 g de pimenta-do-reino moída (opcional)

20 g de gengibre ralado (opcional)

30 g de sal

50 g de açúcar

10 g de glutamato monossódico (opcional)

30 mL de óleo de gergelim torrado

---

1. Corte a cebola em fatias de cerca de 1 cm de comprimento por 1 mm de espessura. Coloque a cebola e o óleo em uma panela pequena e leve ao fogo baixo e deixe fritar lentamente, mexendo ocasionalmente, até que a cebola esteja dourada e seca. Não apresse esse processo para garantir a crocância da cebola.

2. Com uma escumadeira, retire a cebola do óleo e deixe escorrer sobre papel-toalha.

3. Pique o alho sem amassar e frite no mesmo óleo em fogo baixo até que fique dourado e crocante, sem queimar. Escorra.

4. Em uma tigela grande e resistente ao calor, misture a cebola e o alho fritos e os demais ingredientes secos.

5. Aqueça o óleo remanescente da fritura até atingir 180 ºC, em seguida, despeje-o com cuidado na tigela com os ingredientes secos e misture bem. Finalize adicionando o óleo de gergelim torrado.

6. Guarde em um pote esterilizado e consuma em até 1 ano.

PICLES E ESCABECHES

As conservas em meio ácido são algumas das técnicas mais comuns e antigas, provavelmente graças à sua eficiência. A acidez é a propriedade química que certas substâncias apresentam de doar íons de hidrogênio quando em solução aquosa. É medida em uma escala logarítmica que vai de 0 a 14 de potencial de hidrogênio, o famoso pH. Quanto mais o pH de um composto é próximo de 0, mais ácido ele é; e quanto mais próximo de 14, mais alcalino. A água pura é neutra, ou seja, seu pH é igual a 7. Perigosos patógenos, como o *Clostridium botulinum*, são incapazes de se reproduzir em meios com pH menor que 4,5 – a acidez aproximada dos sucos de maçã ou de laranja.

A acidez pode ser alcançada em uma conserva basicamente de duas formas: ou pela adição direta de substância ácida, como vinagre ou suco de limão; ou pela fermentação lática, na qual micro-organismos transformam o açúcar em ácido lático, em um processo bem mais demorado, mas com resultados extremamente gratificantes.

PICLES RÁPIDOS

A técnica básica dos picles consiste em fazer uma marinada bastante ácida e adicioná-la ao alimento a ser conservado. Geralmente, o termo "picles" se refere a conservas de vegetais, sendo as conservas de carne ou de frutos do mar em meio ácido chamadas de escabeche.

PICLES DE PEPINO "BREAD & BUTTER"

O picles de pepino provavelmente é o tipo mais comum de picles. Talvez porque o pepino tenha as qualidades ideais para esse método de conservação, como a textura, capaz de manter a crocância mesmo em meio ácido; a porosidade, que permite que a marinada o penetre com facilidade; e o sabor suave, que se adéqua a diversos temperos. E sua fácil produção e safra abundante geram um excedente que muitas culturas aprenderam a preservar.

Esta é a receita básica do picles tradicional, usado em sanduíches. Ela se tornou muito popular nos Estados Unidos durante a Grande Depressão, na década de 1930, quando muitas pessoas acometidas pela pobreza extrema tinham pouco mais para comer que pão com manteiga e picles.

O ideal é usar pepinos próprios para conserva, que são pequenos e densos. No entanto, é possível obter ótimos resultados com outras variedades, sendo o pepino japonês um bom substituto. Além disso, a mesma técnica pode ser usada com outros vegetais, como cenoura, couve-flor e rabanetes.

★ *É o complemento ideal para o cheeseburger, pois sua acidez e leve doçura equilibram a untuosidade do sanduíche.*
★ *Experimente também variar os temperos e diminuir a quantidade de açúcar.*

Preparo: 15 min + 2 h de espera
Cozimento: 30 min
Rendimento: 1,5 kg

1 kg de pepinos para conserva ou outra variedade de pepinos firmes

1 pimenta dedo-de-moça (opcional)

100 g de cebola

2 dentes de alho

50 g de sal

500 mL de vinagre de vinho branco ou de maçã

400 g de açúcar

50 mL de água

5 g de sementes de mostarda

2 cravos-da-índia

1 colher (chá) de cúrcuma em pó

5 g de pimenta-do-reino em grãos

1. Lave e higienize os pepinos e a pimenta dedo-de-moça (se desejar usá-la). Descasque a cebola e os dentes de alho. Descarte as pontas dos pepinos, fatie-os em rodelas de 0,5 cm de espessura e corte os demais vegetais em fatias finas.

2. Coloque os vegetais e o sal em uma tigela. Misture bem, cubra com filme e leve à geladeira por 2 horas.

3. Retire os vegetais da geladeira e coloque-os em um escorredor (eles terão eliminado bastante água). Passe o escorredor com os vegetais por água corrente para retirar o excesso de sal. Escorra bem.

4. Em uma panela, junte o vinagre, o açúcar, a água e as especiarias e leve ao fogo. Deixe ferver por 5 minutos em fogo baixo e então adicione os vegetais escorridos e misture bem.

5. Aumente o fogo e cozinhe até que comece a ferver novamente. Desligue.

6. Envase ainda quente em um vidro esterilizado (desse modo, não é necessário pasteurizar) e armazene o frasco em temperatura ambiente por até 3 meses; ou deixe esfriar e refrigere para o consumo imediato.

PICLES VIETNAMITA

Đồ chua, literalmente "coisa ácida" em vietnamita, é como é chamado este picles, muito rápido e fácil de ser preparado. É também um elemento essencial em vários pratos da cozinha do Vietnã, dando frescor e crocância agradável a preparações que, sem ele, seriam muito pesadas. Como picles, o đồ chua é bem menos intenso, uma vez que a salmoura é preparada com vinagre diluído em água, o que o torna também uma conserva menos duradoura, devendo ser consumida em apenas 1 semana, aproveitando todo o seu frescor.

200 g de cenoura
200 g de daikon (nabo japonês)
3 dentes de alho (opcional)
1 pimenta dedo-de-moça (opcional)
10 g de sal
60 g de açúcar
250 mL de água filtrada
250 mL de vinagre de arroz ou de álcool

1. Lave e higienize os vegetais. Descasque a cenoura e o daikon e corte-os em julienne (tiras finas). Descasque o alho e corte-o ao meio, assim como a pimenta dedo-de-moça, caso os utilize.

2. Coloque os vegetais cortados em uma tigela e adicione ⅓ do sal e do açúcar e misture bem. Cubra com filme plástico ou com a própria tampa da tigela, se houver, e deixe descansar por 10 minutos.

3. Em um recipiente fundo, prepare a salmoura, combinando a água, o vinagre e o restante do sal e do açúcar.

4. Lave os vegetais em água corrente e escorra bem. Acomode-os em um pote esterilizado e cubra-os com a salmoura preparada. Feche e deixe descansar ao menos 3 horas antes de consumir.

5. Mantenha refrigerado e consuma em até 1 semana.

★ *Experimente preparar o clássico sanduíche vietnamita bánh mì: abra uma baguete pequena ao meio e recheie com patê de fígado (ver receita na página 72), alface, tomate, coentro fresco, peito de frango ou lombo suíno assados e uma boa quantidade deste picles.*

Preparo: 30 min + 3 h de espera
Cozimento: —
Rendimento: 500 g

PICLES DE CEBOLA ROXA

Esta receita simples e rápida transforma a cebola roxa em um elemento decorativo e delicioso para finalizar pratos, incrementar sanduíches ou enriquecer uma tábua de frios.

300 g de cebola roxa
50 g de açúcar
10 g de sal
1 colher (chá) de pimenta-do-reino em grãos (opcional)
2 folhas de louro
300 mL de vinagre de vinho branco, maçã ou arroz

1. Descasque e corte as cebolas em fatias finas e coloque-as em uma tigela com bastante água, soltando bem as camadas. Cubra com filme plástico ou com a própria tampa da tigela, se houver, e deixe de molho por meia hora.

2. Escorra bem a cebola e acomode as fatias em um pote esterilizado, sem apertar muito.

3. Em uma panela, junte os demais ingredientes e leve ao fogo até ferver e dissolver todo o açúcar. Despeje a salmoura quente sobre a cebola para cobri-la.

4. Feche o pote ainda quente e deixe repousar por, no mínimo, 3 horas antes de consumir. Pode ser conservado fechado por até 3 meses em temperatura ambiente. Depois de aberto, refrigere e consuma em até 2 semanas.

★ *Experimente variar os temperos da salmoura, adicionando, por exemplo, gengibre ralado, pimenta-vermelha, anis-estrelado ou cravo-da-índia. Aproveite a cor viva deste picles para decorar pratos e tábuas de charcutaria.*

Preparo: 30 min + 3 h de espera
Cozimento: 5 min
Rendimento: 300 g

TSUKEMONOS: PICLES JAPONESES

Os tsukemonos fazem parte de praticamente todas as refeições japonesas tradicionais, atuando como um meio de limpar o paladar entre os diferentes pratos.

Muitas das receitas de tsukemonos são bastante trabalhosas e envolvem ingredientes um tanto exóticos. Assim, optou-se por três produções bastante simples, com ingredientes bem conhecidos, sem, no entanto, deixar de lado a relevância que estes picles têm, tanto em sua cozinha de origem quanto no paladar nacional, que já tomou gosto pela culinária japonesa.

GARI SHOGA

O gari shoga é um elemento fundamental em uma refeição com sushi ou sashimi. Além de cumprir a função de limpar o paladar com sua suave picância e sabor agridoce, acredita-se que ele auxilia na digestão do peixe cru e do arroz branco.

O ideal é preparar essa receita com o gengibre jovem, aquele que costuma ser vendido com parte dos caules verdes e que se caracteriza por ter a casca muito fina, um sabor mais suave e a ponta dos brotos com uma leve coloração rosada, que vai permanecer no picles final. Caso não o encontre, é possível usar o gengibre normal, mas certifique--se de que as fatias estão bem finas e não pule o passo de aferventá-lo para reduzir a picância.

500 g de gengibre jovem

20 g de sal

500 mL de vinagre de arroz

250 g de açúcar

1. Lave e descasque o gengibre, mas mantenha as pontas rosadas dos brotos, pois são elas que dão o tom levemente cor-de-rosa característico desta conserva. Fatie-o finamente, de preferência com um mandolim.

2. Ponha o gengibre em uma tigela e adicione metade do sal. Misture bem, cubra com filme plástico ou com a própria tampa da tigela, se houver, e deixe descansar por 5 minutos.

3. Leve uma panela média com água ao fogo. Deixe levantar fervura, em seguida, adicione o gengibre fatiado e cozinhe por 2 minutos. Caso esteja usando gengibre comum, cozinhe por 5 minutos. Retire do fogo e escorra bem. Coloque o gengibre escorrido em um pote esterilizado.

4. Em uma panela pequena, misture o vinagre, o açúcar e o restante do sal e leve ao fogo. Quando ferver, despeje sobre o gengibre fatiado e feche o pote ainda quente. Deixe curar por pelo menos 12 horas antes de consumir. Guarde por até 3 meses e, depois de aberto, mantenha refrigerado e consuma em 30 dias.

Preparo: 30 min + 12 h de espera
Cozimento: 15 min
Rendimento: 1,2 kg

SUNOMONO

Sunomono significa "alimento avinagrado". Essa conserva pode ser preparada com praticamente quaisquer vegetais, além de frutos do mar. A receita mais conhecida, porém, é a simples e fresca à base de pepino, comumente servida como um couvert de boas-vindas nos restaurantes japoneses.

1 colher (sopa) de wakame seco (opcional)

300 mL de água fervente

300 g de pepino japonês

10 g de sal

100 mL de vinagre de arroz

5 mL de shoyu

50 g de açúcar

1 colher (chá) de sementes de gergelim torradas

1. Coloque o wakame em uma tigela pequena e cubra com a água fervente. Reserve.
2. Lave e higienize os pepinos. Fatie-os, de preferência com um mandolim, em rodelas de 3 mm de espessura.
3. Coloque as fatias em uma tigela grande, adicione o sal e misture bem. Cubra com filme plástico ou com a própria tampa da tigela, se houver, e reserve por 10 minutos.
4. Em uma panela pequena, junte o vinagre, o shoyu e o açúcar e leve ao fogo, mexendo até que todo o açúcar seja dissolvido.
5. Escorra e esprema com as mãos o pepino e o wakame para retirar o excesso de água.
6. Misture o pepino, o wakame e a salmoura preparada. Deixe marinar por pelo menos meia hora antes de servir. Finalize com o gergelim torrado.

★ *Esta conserva é mais bem apreciada em até 3 dias, enquanto ainda está fresca. É possível incrementar o sunomono adicionando, na hora de servir, fatias de polvo cozido, kani kama ou camarões escaldados, por exemplo. Algumas gotas de óleo de gergelim torrado adicionadas na hora de servir também enriquecem essa icônica conserva japonesa.*

Preparo: 30 min + 30 min de espera
Cozimento: 5 min
Rendimento: 400 g

NASU NO TSUKEMONO

Esta conserva de berinjela dá um toque de amargor suave às refeições, o que é considerado muito saudável, pois, ao estimular a produção de saliva, os alimentos amargos auxiliam na digestão, além de contribuírem com as funções hepáticas. Benefícios utilitários à parte, esta receita é fácil e muito saborosa para aqueles que não se opõem ao sabor peculiar da berinjela. No entanto, se for o caso, é perfeitamente possível substituí-la pela abobrinha.

300 g de berinjela japonesa (ou a comum)

5 g de sal

100 mL de vinagre de arroz

200 mL de água filtrada

50 g de açúcar

20 g de missô (pasta de soja)

1. Lave e higienize as berinjelas. Corte-as em palitos de cerca de 5 cm de comprimento e 2 cm de largura. Coloque os palitos em uma tigela, adicione o sal e misture bem. Cubra com filme plástico ou com a própria tampa da tigela, se houver, e reserve por 10 minutos.

2. Em uma panela pequena, misture o vinagre, a água e o açúcar e leve ao fogo até dissolver todo o açúcar. Apague o fogo e adicione o missô, misturando bem para dissolver.

3. Passe a berinjela em água corrente para retirar o excesso de sal. Escorra e espalhe a berinjela sobre uma tábua de corte, secando bem os pedaços com papel-toalha, apertando delicadamente.

4. Em uma tigela, misture a berinjela com o molho preparado, cubra e refrigere por pelo menos 12 horas antes de consumir. Guarde refrigerada e consuma em até 3 dias.

★ *A berinjela ideal para essa preparação é a japonesa, que é mais firme, mais densa e mais alongada, porém fica ótima também com a berinjela comum.*

Preparo: 30 min + 12 h de espera
Cozimento: 5 min
Rendimento: 600 g

ESCABECHES

Escabeche é uma técnica de preparação e conservação de alimentos, particularmente de proteínas, à base de vinagre. Essa preparação se originou na Pérsia e chegou com os árabes à Península Ibérica durante o longo domínio de mais de cinco séculos dos muçulmanos na região, o que levou a uma profunda assimilação de receitas árabes pelos ibéricos – mesmo o nome escabeche vem do árabe: al-skibaj.

Da Península Ibérica a técnica se espalhou pelo mundo, especialmente nas Filipinas e na América Latina, onde deu origem ao ceviche, que combina o escabeche tradicional com a cultura e os ingredientes dos povos incas.

Apresentamos duas receitas de escabeche. A primeira é um clássico: escabeche de sardinhas, apreciado tanto na Espanha e em Portugal, quanto aqui, onde é um tradicional petisco de boteco; a segunda, uma variação brasileira do escabeche: o vinagrete de mariscos, um ícone da cozinha caiçara.

ESCABECHE DE SARDINHA

200 g de cebola

100 g de cenoura

150 g de pimentão vermelho

4 dentes de alho

1 pimenta dedo-de-moça (opcional)

100 mL de azeite de oliva

1 colher (chá) de páprica doce

500 g de sardinhas frescas, limpas e sem espinhas

200 mL de vinagre de vinho branco

1 folha de louro

Sal a gosto

Pimenta-do-reino a gosto

1. Lave e higienize os legumes. Corte a cebola, a cenoura e o pimentão em julienne (tiras finas), pique o alho e a pimenta dedo-de-moça, se for utilizá-la.

2. Em uma panela grande, aqueça o azeite de oliva em fogo médio. Adicione a cebola, a cenoura, o alho, o pimentão, a pimenta dedo-de-moça e a páprica. Refogue por cerca de 5 minutos, até que os vegetais fiquem macios.

3. Em um refratário, coloque aproximadamente ⅓ dos legumes refogados, então disponha sobre eles as sardinhas, de preferência em uma única camada, e cubra-as com o restante do refogado.

4. Em uma outra panela, misture o vinagre, a folha de louro, o sal e a pimenta-do-reino. Leve a mistura ao fogo médio e deixe ferver por cerca de 2 minutos.

5. Despeje a mistura de vinagre sobre o refratário com as sardinhas e os vegetais. Certifique-se de que todos os ingredientes estejam completamente cobertos pelo líquido.

6. Leve o refratário ao forno preaquecido a 180 ºC. Deixe por 20 minutos para que as sardinhas e os vegetais cozinhem e absorvam a marinada.

7. Retire do forno e espere esfriar por 5 minutos, em seguida, cubra o refratário com filme plástico, encostando o filme na superfície do escabeche para evitar a condensação (quando o vapor forma gotinhas de água).

8. Deixe esfriar em temperatura ambiente e então leve à geladeira por pelo menos 12 horas, de preferência de um dia para o outro.

9. Guarde resfriado por até 15 dias. Sirva gelado ou em temperatura ambiente.

★ *O escabeche vai ficar mais saboroso com alguns dias repousando na geladeira. Experimente a mesma receita com filés de cavalinha ou de bonito (cortados em fatias de 1 a 2 cm de espessura).*

Preparo: 30 min + 12 h de espera
Cozimento: 30 min
Rendimento: 1,2 kg

VINAGRETE DE MARISCOS

100 g de cebola

100 g de pimentão vermelho

100 g de pimentão amarelo

100 g de pimentão verde

100 g de tomates médios

10 g (¼ de maço) de coentro fresco (opcional)

500 g de frutos do mar (como mexilhões, lulas, vieiras e camarões)

60 mL de suco de limão

30 mL de vinagre de vinho branco

30 mL de azeite de oliva extravirgem

Sal a gosto

Pimenta-do-reino a gosto

1. Lave e higienize os vegetais. Pique a cebola, os pimentões, os tomates e o coentro (se for utilizá-lo). Reserve.

2. Limpe os frutos do mar. Corte-os, caso sejam grandes demais. Caso vá usar polvo, cozinhe-o por cerca de 40 minutos, ou até que esteja macio quando espetado com um garfo. Para os demais frutos do mar, cozinhe-os em água fervente com sal por poucos minutos, o suficiente para que o centro de cada um não esteja mais cru, o que varia de acordo com o tamanho e o tipo; em seguida, coloque-os em uma tigela com água e gelo para interromper o cozimento e resfriá-los.

3. Em uma tigela grande, junte os frutos do mar cozidos e resfriados, a cebola, os pimentões e os tomates.

4. Em uma tigela separada, misture o suco de limão, o vinagre de vinho branco e o azeite de oliva. Tempere com sal e pimenta-do-reino a gosto.

5. Despeje o molho de vinagrete sobre os ingredientes na tigela grande e misture tudo delicadamente para garantir que os mariscos e os vegetais estejam bem cobertos pelo molho. Se desejar, adicione o coentro picado para dar um toque de frescor e sabor.

6. Cubra a tigela com filme plástico e leve à geladeira por pelo menos 30 minutos para permitir que os sabores se misturem.

7. Antes de servir, ajuste o tempero se necessário. Sirva o vinagrete frio como aperitivo ou salada.

★ *Esse vinagrete pode ser mantido na geladeira por até 5 dias, o que não é muito para uma conserva, no entanto, é bastante se considerarmos quão perecíveis são os frutos do mar.*

Preparo: 30 min + 30 min de espera
Cozimento: 20 a 50 min
Rendimento: 1 kg

PICLES FERMENTADOS

Diferentemente dos picles apresentados anteriormente, os picles fermentados não necessitam da adição de vinagre ou outro ácido. A acidez vem da fermentação dos açúcares presentes no alimento por bactérias que os transformam principalmente em ácido lático e gás carbônico.

Para garantir que apenas as bactérias benéficas prosperem nesse processo, que é um "apodrecimento controlado", é preciso utilizar o sal como regulador, já que grande parte dos organismos nocivos não toleram alta salinidade, além de criar um ambiente sem oxigênio, tóxico para a maioria dos seres vivos, mas perfeito para as bactérias fermentadoras, particularmente Leuconostoc mesenteroides e Lactobacillus plantarum.

Essas bactérias não apenas criam o meio ácido responsável por preservar os alimentos, como também permanecem vivas, portanto, quando ingerimos os picles estamos consumindo um alimento probiótico, capaz de restaurar ou enriquecer a flora intestinal, o que pode trazer grandes benefícios, como melhorar a digestão, fortalecer a imunidade e reduzir inflamações. Porém, caso seu organismo não esteja habituado ao consumo de probióticos, convém fazer uma introdução gradual na alimentação com pequenas porções diárias, o equivalente a uma colher de sopa por dia, por pelo menos 1 semana antes de aumentar as porções.

Além dos benefícios para a saúde, há a riqueza de aromas e sabores complexos e deliciosos desses picles, o que compensa o tempo, a atenção e a paciência necessários para produzi-los.

Alguns dos cuidados especiais a serem tomados nessas produções são a cautela redobrada com a esterilização dos materiais, superfícies e utensílios (os vegetais, no entanto, devem ser higienizados apenas com água, para não eliminar os micro-organismos benéficos), e utilizar sempre que possível alimentos orgânicos, uma vez que os agrotóxicos podem prejudicar os micro-organismos fermentadores.

Especialmente nessas preparações é importante usar uma balança digital para pesar os ingredientes, pois é a proporção de sal em relação à água e ao peso dos legumes que garante que somente os micro-organismos não nocivos é que poderão se multiplicar na fermentação.

Como nesse processo é gerado gás carbônico, é fundamental se assegurar de que ele possa escapar, evitando que a pressão se acumule ou venha até a explodir o recipiente, ao mesmo tempo que se garanta que não entre oxigênio. Há potes de fermentação próprios que já impedem que isso ocorra (válvulas unidirecionais, airlock, tampas com selo d'água, ou calha de água, por exemplo). Caso não tenha o equipamento específico, é possível improvisar cobrindo o pote onde será feita a fermentação com filme plástico preso com elástico, de modo que fique firmemente preso, mas não hermético, para que o excesso de gás saia por baixo do filme, sem rompê-lo. Além disso, nunca feche o pote com tampa rosqueada (a menos que ela tenha uma válvula adequada), pois isso pode gerar pressão suficiente para explodir o pote.

Outro elemento importante é o peso de vidro ou cerâmica que deve ser posto sobre os vegetais para garantir que fiquem submersos na salmoura. É possível substituí-los por um pires ou pequeno prato, dependendo do tamanho do pote onde ocorrerá a fermentação. Também é possível utilizar um saquinho plástico cheio de salmoura (na mesma proporção da receita para que não altere os parâmetros de salinidade, caso se rompa).

Como a fermentação depende de vários fatores que não podem ser precisamente controlados, como a composição exata da flora que coloniza os vegetais e a temperatura ambiente, é necessário acompanhar a evolução da conserva, verificando se não há desenvolvimento de mofo ou apodrecimento descontrolado e se de fato está ocorrendo a formação de ácido lático (provando ocasionalmente, sempre com utensílios esterilizados). Caso note qualquer problema, é mais prudente descartar e recomeçar, redobrando os cuidados.

A fermentação lática é um assunto muito vasto, e buscamos aqui dar apenas as noções básicas para alguns dos preparos mais comuns. Caso queira se aprofundar no assunto, há muito material. Recomendamos especialmente os livros A arte da fermentação, de Sandor Ellix Katz, e Fermentação à brasileira, de Fernando Goldenstein Carvalhaes e Leonardo Alves de Andrade.

PICLES EM SALMOURA

Esta é a técnica básica para os picles fermentados, podendo ser usada para os mais diversos vegetais. Considere, porém, que o processo de fermentação, bem como a acidez final da preparação, pode fazer com que vegetais menos firmes percam completamente a estrutura. Os mais recomendados para explorar essa técnica são pepino (especialmente os minipepinos, típicos de picles), cenoura, nabo, rabanete, quiabo, jiló, abobrinha, vagem, chuchu e couve-de--bruxelas. Caso o legume escolhido seja muito grande (tenha mais de 4 cm de espessura), convém cortá-lo para que a salmoura penetre uniformemente e a fermentação seja completa.

1,2 kg de pepino para conserva

Sal (veja explicação sobre a quantidade no passo 2 do modo de preparo)

Água filtrada

Opcionais: pimenta-do-reino em grãos, sementes de mostarda, sementes de erva-doce, sementes de alcarávia, zimbro, pimenta dedo-de-moça, folhas de louro, dentes de alho, etc.

---

1. Lave e retire as extremidades dos pepinos. Se forem pepinos grandes, corte-os em rodelas grossas ou em palitos. Se forem pequenos, deixe-os inteiros.

2. Acomode os pepinos no pote de fermentação, deixando livre pelo menos ⅓ da altura do pote. Adicione os temperos, se desejar, e 2% do peso dos pepinos limpos em sal – por exemplo: para 1,2 kg de pepinos, adicione 24 g de sal.

3. Prepare uma salmoura com um litro de água filtrada e 20 g de sal e despeje sobre os pepinos. Se não for suficiente para cobri-los, complete com mais salmoura na mesma proporção.

4. Coloque pesos sobre os pepinos para que fiquem submersos. Se não tiver pesos específicos para fermentação, utilize pires, bolinhas de gude esterilizadas ou um saco plástico com a salmoura.

5. Feche o pote de fermentação de acordo com o método empregado (airlock, calha de água ou filme plástico com elásticos). Mantenha em um local ao abrigo da luz em temperatura ambiente por pelo menos 7 dias.

6. Prove a conserva após 7 dias. Se já estiver ácida o suficiente, retire os pesos e guarde-a na geladeira. Caso contrário, aguarde mais 1 semana de fermentação.

7. Mantenha refrigerado e consuma em até 3 meses.

Preparo: 30 min + 7 dias de fermentação
Cozimento: —
Rendimento: 1,2 kg

CHUCRUTE

Apesar de associarmos quase que imediatamente o chucrute à cozinha alemã, a palavra é de origem francesa (choucroute, "repolho azedo", tendo o equivalente alemão, Sauerkraut, o mesmo significado). A preparação em si, no entanto, tem origem muito mais antiga que a da própria Alemanha e provavelmente foi criada de forma independente por vários povos, dada a sua simplicidade.

É possível usar tanto o repolho verde quanto o roxo, sendo que este é especialmente interessante, pois a antocianina que dá cor ao repolho roxo é um indicador de pH, mudando de roxo escuro para um tom mais vivo e avermelhado quando em presença de ácido, como deve ocorrer em uma fermentação bem-sucedida.

Caso prefira diminuir a ingestão de sal na dieta, lave o chucrute em água corrente e esprema-o antes do consumo. Assim as propriedades probióticas serão preservadas sem o excesso de sal.

Preparo: 40 min + 7 a 30 dias de fermentação
Cozimento: —
Rendimento: cerca de 2 kg

---

1 repolho grande verde ou roxo (cerca de 2 kg)

sal (2% do peso do repolho depois de limpo)

Opcionais: zimbro, pimenta-do-reino em grãos ou sementes de mostarda ou de alcarávia

---

1. Lave o repolho e retire as folhas externas; reserve-as.
2. Descarte o miolo duro do repolho e fatie o restante.
3. Pese o repolho picado e as folhas reservadas e calcule a quantidade necessária de sal: *[Peso do repolho em gramas × 0,02 = quantidade de sal em gramas]*
4. Misture bem o sal ao repolho fatiado e deixe descansar por 5 minutos.
5. Com as mãos bem limpas, massageie vigorosamente o repolho, que depois do tempo de descanso terá amolecido e começará a soltar água. Misture os temperos, se desejar.
6. Coloque o repolho no pote de fermentação, apertando bem. Encha o pote no máximo até ⅘ da altura.
7. Finalize com a parte mais grossa das folhas externas reservadas, de modo que elas empurrem o repolho fatiado para baixo. Cubra com o líquido que as folhas soltaram durante a maceração (se não for o suficiente para cobrir completamente, complete com uma salmoura na proporção de 2 g de sal para 100 mL de água filtrada).
8. Alternativamente, use pesos de fermentação ou bolinhas de gude esterilizadas para pressionar o repolho sob a salmoura.
9. Feche o pote de fermentação de acordo com o método empregado (airlock, calha de água ou filme plástico com elásticos). Mantenha em um local ao abrigo da luz em temperatura ambiente por pelo menos 7 dias.
10. Prove depois de 1 semana de fermentação e, se estiver no ponto de acidez desejado, transfira o pote de fermentação para a geladeira. Caso contrário, deixe fermentar por mais tempo, até 1 mês no total.
11. Mantenha refrigerado e consuma em até 3 meses.

KIMCHI

O kimchi é uma típica técnica de conserva coreana, que pode ser aplicada a uma grande variedade de vegetais. No entanto, a acelga é certamente o tipo de kimchi mais comum e apreciado, tanto em seu local de origem quanto ao redor do mundo.

No contexto da cozinha coreana, o kimchi é servido como um acompanhamento do arroz e do prato principal (como parte dos chamados banchan), ou então entra na produção de pratos como ensopados e refogados. Sua importância é tão grande para a cultura alimentar dos coreanos que um dos poucos pontos de consenso entre as Coreias do Norte e do Sul na política internacional foi a submissão à Unesco do kimchi como patrimônio imaterial.

Para esta receita, recomendamos o uso de luvas descartáveis quando for manipular a pimenta.

Preparo: 2h30min + de 1 a 3 dias de fermentação
Cozimento: 10 min
Rendimento: 1,8 kg

---

1 cabeça de acelga (cerca de 1,25 kg)

100 g de sal grosso

250 mL de água

25 g de farinha de arroz

30 g de açúcar

100 g de gochugaru grossa (flocos de pimenta-vermelha coreana)

120 g de daikon (nabo japonês)

120 g de cenoura

1 maço de nirá ou cebolinha (cerca de 100 g)

50 g de alho (cerca de 10 dentes)

30 g de gengibre

100 mL de molho de peixe fermentado (ou shoyu)

40 g de saeujeot (camarão salgado fermentado) (opcional)

---

1. Corte ao meio a base da acelga, fazendo um corte de cerca de 5 cm de profundidade, então, com as mãos, separe-a em duas metades. Repita o mesmo processo em cada metade, separando em quartos.

2. Lave bem os quartos de acelga e, com a acelga ainda úmida, salpique o sal grosso entre cada uma das folhas. Coloque-a em uma bacia para repousar por 2 horas, virando a cada 30 minutos.

3. Em uma panela pequena, coloque a água, a farinha de arroz e o açúcar e leve ao fogo, mexendo até engrossar. Desligue o fogo e acrescente os flocos de pimenta. Deixe esfriar.

4. Lave os demais vegetais e corte o daikon e a cenoura em julienne (tiras finas). Corte do mesmo comprimento a nirá, ou a parte verde da cebolinha, e pique a parte branca, assim como o alho e o gengibre.

5. Quando a mistura com os flocos de pimenta estiver fria, coloque-a em uma tigela grande com o molho de peixe, o camarão fermentado (se for utilizá-lo) e os vegetais.

6. Passadas as 2 horas, enxágue a acelga para tirar o excesso de sal, espremendo bem com as mãos para tirar o excesso de água também.

7. Vista as luvas descartáveis antes de manipular a pimenta. Com as mãos, espalhe generosamente a mistura de tempero com vegetais entre as folhas de acelga e por seu exterior. Então, dobre cada quarto de acelga e arrume-os no pote de fermentação. Cubra com todo o líquido e vegetais que sobraram na tigela e aperte bem para eliminar quaisquer bolhas de ar.

8. Tampe e deixe em temperatura ambiente ao abrigo da luz.

9. No dia seguinte, aperte mais uma vez usando uma colher esterilizada. Mais líquido deve ter se formado e a fermentação deve ter começado, evidenciada pelo aroma mais ácido e bolhas de gás carbônico. Volte a tampar.

10. Repita esse processo por mais 1 ou 2 dias, dependendo da temperatura ambiente, então transfira o kimchi para a geladeira.

11. A fermentação do kimchi vai continuar mesmo na geladeira, com o sabor se tornando cada vez mais pronunciado e ácido. Consuma em até 2 meses.

★ *A quantidade de pimenta pode ser ajustada conforme as preferências pessoais; a picância, porém, é característica dessa conserva, assim como o aroma pungente, devido aos componentes sulfurosos do alho e do daikon.*

★ *Caso não caiba toda a acelga no pote de fermentação, é possível consumir a preparação mesmo sem fermentar, sendo chamada em coreano de geotjeori.*

CHARCUTARIA

A charcutaria é a parte da ciência das conservas dedicada à preservação de carnes, uma questão fundamental antes do advento da refrigeração. Grande parte das produções associadas à charcutaria atualmente foi ocupada pela indústria, mas, no passado, era comum que as famílias tivessem em seu repertório várias destas técnicas, pois, quando um animal (normalmente um porco) era abatido, era necessário aproveitá-lo ao máximo, preservando o que fosse possível para futuros preparos.

Os miúdos, dada sua maior perecibilidade, quase que inevitavelmente precisavam ser consumidos frescos, salvo o fígado, que processado com gordura e álcool deu origem a sofisticados patês.

A gordura e as carnes podem ser processadas de diversas formas, mas, neste livro, não abordaremos técnicas de conserva que demandem equipamentos específicos (como o preparo de salames, linguiças, salsichas e defumados) e cura muito longa, deixando assim uma pequena introdução a esse assunto tão vasto e rico.

PATÊ DE FÍGADO

Esta é uma receita muito fácil e extremamente saborosa. Mesmo aqueles que costumam não gostar de miúdos tendem a se deliciar com esse patê untuoso e complexo.

A receita básica é de origem francesa, porém, substituindo a manteiga por schmaltz (gordura de galinha), é possível fazer a receita judaica, muito apreciada na cozinha asquenaze.

300 g de fígado de frango ou pato (de preferência orgânico)

30 g de sal

150 g de manteiga

100 g de cebola picada

30 g de ameixas secas sem caroço (opcional)

30 mL de brandy (ou outro destilado) (opcional)

Pimenta-do-reino a gosto

Noz-moscada a gosto

1. Limpe os fígados, retirando quaisquer veias, tecidos conjuntivos ou gordura. Coloque-os em uma tigela e adicione 25 g do sal. Misture bem, cubra e reserve na geladeira por meia hora.

2. Clarifique a manteiga: coloque-a em uma panela pequena e leve ao fogo baixo até que derreta completamente e dê os primeiros sinais de fervura. Desligue o fogo e deixe a panela parada por alguns minutos para que a parte aquosa se separe da gordura. Escume a espuma, se houver, e descarte o soro. Reserve.

3. Lave os fígados para retirar o excesso de sal e escorra.

4. Aqueça metade da manteiga clarificada em uma frigideira e doure os fígados, sem que o centro deles perca o rosado e a suculência.

5. Retire os fígados e frite a cebola até que amoleça.

6. Transfira para um liquidificador ou processador de alimentos a cebola com a manteiga da frigideira, juntamente com os fígados selados, as ameixas e o brandy (se for utilizá-los), a pimenta e a noz-moscada. Bata até obter uma pasta homogênea. Prove e ajuste o sal, se necessário.

7. Divida o patê em ramequins de louça pequenos, certificando-se de deixá-lo bem plano e sem bolhas de ar.

8. Derreta o restante da manteiga clarificada e despeje-a sobre os patês, formando uma camada isolante.

9. Mantenha refrigerado e consuma em até 7 dias.

★ *Caso seja para consumo imediato, não é necessário o passo de cobrir com manteiga clarificada.*

★ *Sirva com pães e picles como aperitivo, ou use para fazer o sanduiche bánh mì com os picles vietnamitas da página 52.*

Preparo: 1 h
Cozimento: 20 min
Rendimento: 500 g

CONFIT DE PATO

Embora o confit de pato seja hoje considerado um prato de restaurantes finos, essa preparação era, na verdade, um meio comum de conservação de carnes (especialmente de porco) antes da popularização dos refrigeradores. A técnica de confitar consiste em cozinhar lentamente o alimento em gordura. No caso das carnes, de preferência na gordura do próprio animal. Esse processo leva à esterilização a partir do calor prolongado e do meio isolado do oxigênio.

Os patos ideais para essa preparação são os que recebem alimentação ultracalórica nas últimas semanas antes do abate para que acumulem gordura, especialmente no fígado para a produção do foie gras. A gordura também se acumula sob a pele, o que produz o magret (filé do peito) e as coxas e sobrecoxas gordas. Ao usarmos patos magros (ou galinhas e outras aves), podemos complementar a gordura necessária com banha de porco ou mesmo óleo vegetal.

A cura, feita idealmente na véspera, também favorece a conservação da carne, não devendo ser ignorada.

Preparo: 1 h + 24 h a 48 h de cura
Cozimento: 3 h
Rendimento: cerca de 1,3 kg

---

4 unidades de coxa e sobrecoxa de pato

50 g de sal

50 g de açúcar

Temperos a gosto (tomilho, pimenta-do-reino, alecrim, alho amassado)

1 kg de gordura de pato ou banha refinada

---

1. Retire o excesso de pele com gordura do pato. Reserve a gordura retirada.

2. Em uma tigela, misture o sal, o açúcar e os temperos. Cubra generosamente cada coxa com essa mistura.

3. Em uma travessa, coloque as coxas com a carne exposta para cima e salpique o restante da mistura de temperos. Cubra com filme plástico e leve à geladeira por no mínimo 24 e no máximo 48 horas.

4. Lave e seque as coxas para retirar o excesso de cura.

5. Coloque as coxas em uma panela pequena que possa ir ao forno e cubra-as com a banha ou com a gordura derretida (caso tenha as aparas de gordura do pato, coloque-as em uma panela pequena e leve ao fogo baixo para extrair a gordura, fritando até que as aparas estejam douradas e sequinhas, tendo soltado toda a gordura na forma líquida).

6. Tampe a panela e leve ao forno preaquecido a 150 °C. Mantenha dessa forma e deixe cozinhar lentamente por cerca de 3 horas. A carne deve ficar bem macia e quase soltando do osso.

7. Retire do forno e deixe esfriar tampada por 1 hora.

8. Disponha as coxas em um refratário e cubra-as com a gordura derretida, isolando-as do ar.

9. Mantenha refrigerado e consuma em até 1 mês.

★ *Para servir, retire a coxa da gordura e doure a pele em uma frigideira bem quente. Caso não use todas as coxas simultaneamente, certifique-se de que as restantes estão completamente cobertas com gordura antes de guardá-las de volta. Sirva com salada de folhas ou batatas, ou com o que desejar.*

RILLETTES DE PORCO

Semelhante à técnica do confit, as rillettes são tradicionalmente feitas de pedaços de carne de porco confitados, que ficam tão macios que se desfiam facilmente.

A receita é muito simples, só depende de tempo e de um ingrediente secreto: autocontrole, pois o ideal é esperar pelo menos 3 dias depois de pronta para enfim poder degustar essa maravilha.

200 g de cebola

5 dentes de alho (cerca de 20 g)

300 g de banha de porco

500 g de pernil de porco sem osso cortado em cubos pequenos

500 g de barriga de porco sem o couro cortada em cubos pequenos

300 mL de vinho branco seco

5 raminhos de tomilho

10 g de sal

Pimenta-do-reino a gosto

500 mL de água

1. Pique a cebola e o alho e refogue em uma panela com 100 g de banha, até começar a dourar.
2. Adicione o pernil e a barriga cortados e refogue por 5 minutos.
3. Adicione o vinho, os temperos e a água. Misture bem, tampe e deixe cozinhar em fogo baixo por cerca de 2 horas, mexendo ocasionalmente para não grudar no fundo. Se necessário, adicione pequenas quantidades de água quando estiver muito seco, mas no fim do cozimento não deve haver muito caldo.
4. Quando a carne estiver desfiando com facilidade, use uma espátula ou colher e mexa vigorosamente para desfiar completamente. Ajuste o sal, se necessário.
5. Coloque a carne desfiada em um refratário grande ou em pequenos potes esterilizados e aperte bem para que não restem bolhas de ar.
6. Derreta o restante da banha e cubra completamente o refratário ou os potes, formando uma camada protetora. Refrigere por pelo menos 3 dias antes de consumir. Consuma em até 2 semanas.

Preparo: 30 min
Cozimento: 2 a 3 h
Rendimento: 1,5 kg

★ *Sirva em temperatura ambiente com pães frescos ou torrados acompanhados de picles e mostarda.*

SALMÃO CURADO

O gravlax é uma receita escandinava muito fácil e, considerando o gosto que os brasileiros têm pelo salmão, de sucesso garantido. O modo tradicional de prepará-lo consistia em salgar e enterrar os filés na areia, daí seu nome (com algumas variações nos idiomas nórdicos), que significa "salmão enterrado".

1 filé de salmão inteiro com pele (cerca de 1 kg)

1 maço pequeno de dill (endro) picado (cerca de 100 g)

200 g de sal

200 g de açúcar

5 g de pimenta-do-reino moída

50 mL de aquavit ou gim (opcional)

1. Retire os espinhos do filé com uma pinça.
2. Lave e pique o dill.
3. Em uma tigela grande, misture o sal, o açúcar, a pimenta e o dill picado.
4. Em um refratário grande, espalhe ⅓ da mistura de cura seca (sal, açúcar e temperos) e coloque sobre ela o filé de salmão, com a pele virada para baixo.
5. Espalhe o restante da cura sobre o salmão e regue delicadamente com o destilado, se optar por utilizá-lo.
6. Cubra com filme plástico e coloque sobre ele um outro refratário (ou assadeira ou tábua de corte), de modo que fique apoiado sobre o filé, então coloque mais peso sobre ele, como alimentos enlatados, para criar pressão sobre o salmão.
7. Leve à geladeira por 1 a 3 dias (dependendo de quão curado queira o filé).
8. Retire o filé do refratário e lave-o em água corrente para remover o excesso de cura.
9. Seque bem com papel-toalha e, sobre uma tábua, corte em fatias finas sem a pele.
10. Sirva imediatamente ou guarde na geladeira por até 2 semanas ou no freezer por até 3 meses.

★ *O gravlax é normalmente servido em canapés ou sanduíches, acompanhado de creme azedo ou cream cheese. É possível variar as ervas e temperos, sendo comum o uso de raiz-forte, beterraba ralada (que cria uma camada roxa muito bonita na carne), sementes de erva-doce ou mostarda em pó. Experimente também substituir parte do sal normal por sal defumado ou adicionar algumas gotas de fumaça líquida à cura para simular o sabor de salmão defumado a frio.*

*Preparo: 40 min + 1 a 3 dias de cura
Cozimento: —
Rendimento: 1 kg*

TERRINES

TERRINE DE CAMPAGNE

O nome "terrine" se referia originalmente à fôrma de terracota em que este prato clássico era preparado. Hoje, o mais comum é usar fôrmas de alumínio forradas com papel-manteiga ou filme plástico ou, mais fácil ainda, fôrmas de silicone.

Já o termo "de campagne" se refere a como é preparada esta terrine, à moda rústica, do campo, com pedaços irregulares e visíveis, em oposição à terrine de massa uniforme e lisa. Caso prefira a terrine lisa, basta moer completamente todas as carnes.

500 g de pernil ou copa lombo suínos sem osso e sem pele
20 g de sal
½ colher (chá) de pimenta-do-reino moída
½ noz-moscada ralada
¼ de colher (chá) de cravo-da-índia em pó
¼ de colher (chá) de canela em pó
250 g de barriga suína sem pele
250 g de fígado suíno ou de frango, preferencialmente orgânico
50 g de manteiga
150 g de cebola
20 g de alho (cerca de 4 dentes)
50 g de passas sem sementes ou outra fruta seca
100 g de pistache sem casca (opcional)
50 mL de brandy, uísque ou cachaça envelhecida (opcional)
2 ovos
50 mL de creme de leite fresco
80 g de farinha de rosca

1. Corte o pernil ou a copa em cubos de cerca de 4 cm. Misture o sal e os temperos, separe em duas partes, cubra-as com filme plástico e refrigere.

2. Corte a barriga em cubos pequenos e misture-os a uma das partes da carne temperada. Cubra e volte à geladeira.

3. Limpe o fígado, removendo quaisquer tecidos conjuntivos e gorduras. Se for de porco, corte-o em cubos também; os fígados de frango podem ficar inteiros.

4. Em uma frigideira grande, derreta a manteiga e doure o fígado em fogo alto (o interior deve permanecer rosado). Retire do fogo, deixe esfriar e despeje o fígado e a manteiga da frigideira sobre a parte das carnes com a barriga em cubos. Cubra com filme plástico e volte à geladeira por pelo menos 6 horas.

Preparo: 2 h + pelo menos 12 h de espera
Cozimento: 2 h
Rendimento: cerca de 1,4 kg

5. Pique a cebola e o alho finamente.
6. Moa a parte das carnes que estava com a barriga e o fígado (se não tiver moedor, passe pelo processador de alimentos em pequenas porções, no modo pulsar, apenas para que a carne fique picada, sem que vire uma pasta).
7. Em uma tigela grande, misture bem todas as carnes moídas ou processadas, os cubos de carne temperados, a cebola, o alho e as frutas secas, além do destilado e do pistache (se for utilizá-los).
8. Em uma tigela pequena, bata os ovos e misture com o creme de leite e a farinha de rosca. Adicione essa mistura à carne e mexa bem até que fique bem incorporado.
9. Preaqueça o forno a 180 °C. Prepare uma fôrma de alumínio, do tipo usado para o preparo de pão de forma (cerca de 1,5 L de capacidade), forrando seu interior com filme plástico, ou então use uma fôrma de silicone, e coloque a massa da terrine. Espalhe bem, tomando cuidado para não deixar bolhas de ar no meio da massa.
10. Coloque a fôrma dentro de uma assadeira maior e funda e leve ao forno. Antes de fechar o forno, coloque na assadeira água fervente, o suficiente para cobrir ⅔ da terrine.
11. Asse em banho-maria a 180 °C por 90 minutos (o interior da terrine deve atingir 55 °C). Retire a fôrma da terrine do banho-maria e deixe esfriar um pouco.
12. Cubra a terrine, ainda na fôrma, com filme plástico e coloque alguns pesos (como alimentos enlatados) sobre a terrine para firmá-la. Leve à geladeira por pelo menos 6 horas.
13. Desenforme a terrine, retire o filme e sirva em seguida, cortando fatias de cerca de 1 cm de espessura. Ou mantenha-a refrigerada por até 2 semanas.

★ *Sirva a terrine com salada verde, picles e mostarda, como uma entrada refinada; ou acompanhada de pães, como a estrela de uma tábua de charcutaria.*

TERRINE DE POLVO

Muito simples e apetitosa, esta é uma receita contemporânea que se aproveita, para firmar a terrine, da grande quantidade de colágeno presente na pele e nos músculos do polvo, além de se basear quase que exclusivamente em seu delicioso sabor. Por isso, é importante que ele seja tratado com muito cuidado. Dê preferência a um polvo grande (com mais de 3 kg) e preste atenção à sua aparência: a pele deve estar cinza amarronzada (se estiver rosada é sinal de que já não está novo), e as ventosas, intactas.

---

1 polvo grande

Sal

300 mL de vinho branco seco

3 L de água

300 g de cebola

200 g de cenoura

200 g de salsão

20 g de alho (cerca de 5 dentes)

pimenta-do-reino, sal, folhas de louro e tomilho a gosto

---

1. Limpe o polvo retirando a cabeça com os olhos (o manto pode ser usado em preparações como o vinagrete de mariscos da página 60). Retire também o bico que fica na boca. Esfregue as ventosas com sal – apenas o suficiente para aumentar o atrito (algo como uma pitada por tentáculo), retirando assim alguma sujeira que possa estar acumulada. Deixe reservado com o sal na geladeira por meia hora.

2. Em uma panela grande, coloque o vinho, a água, os vegetais cortados grosseiramente, a pimenta, o louro e o tomilho. Deixe ferver.

3. Lave o polvo para retirar o excesso de sal. Com um pegador ou garfo grande firmemente preso, mergulhe o polvo no caldo fervente por três segundos e o suspenda. Espere o caldo voltar a ferver e repita o processo mais duas vezes, então, coloque o polvo para cozinhar de vez. Isso dá tempo para que a pele encolha aos poucos, sem arrebentar.

4. Deixe o polvo cozinhar no caldo e ajuste o sal. Dependendo do tamanho do polvo, o tempo de cozimento varia de 30 minutos a 1 hora e meia. Ao longo do cozimento, é importante ir testando o ponto. Para isso, espete um garfo na parte mais grossa dos tentáculos: a carne deve estar macia, mas não se desfazendo, e com a pele aderida ao músculo.

5. Retire o polvo do caldo e separe os tentáculos cortando-os a partir da boca, para aproveitá-los em seu comprimento total.

6. Forre a fôrma de terrine com filme plástico e coloque os tentáculos uns sobre os outros, intercalando os lados grossos e finos. Cubra os tentáculos com filme e ponha pesos sobre a terrine (como alimentos enlatados) para pressionar os tentáculos firmemente.

7. Leve a terrine à geladeira por pelo menos 8 horas. Para servir, desenforme, retire o filme e corte-a em fatias de 2 cm de espessura. Mantenha refrigerada e consuma em até 3 dias.

Preparo: 40 min + pelo menos 8 h de espera
Cozimento: cerca de 1 h
Rendimento: cerca de 1,5 kg, a depender do tamanho do polvo

★ *Sirva essa terrine como uma entrada acompanhada de salada verde ou batatas cozidas regadas com azeite com alho e páprica, como o polvo à galega.*

TERRINE DE LEGUMES

É sempre cortês ter uma opção vegana no repertório normalmente focado em carnes das tábuas de charcutaria. Substituindo a gelatina de colágeno animal por ágar-ágar, esta colorida terrine é uma versão das gelatinas de legumes que faziam sucesso em meados do século passado. Nesta receita, é importante cozinhar os vegetais separadamente para que nenhum passe do ponto ou fique duro demais, o que pode desestruturar a terrine na hora de fatiá-la.

1 kg de legumes variados (como abobrinha, aspargos, cenoura, alho-poró, pimentão, vagem, couve-flor, cebola roxa)

1 litro de água

10 g de ágar-ágar

200 g de cebola picada (para o caldo)

100 g de cenoura picada (para o caldo)

100 g de salsão picado (para o caldo)

3 dentes de alho picados (para o caldo)

Temperos a gosto (sal, pimenta-do-reino, pimenta-calabresa, tomilho, noz-moscada)

1. Lave e corte os legumes que deseja usar na terrine da forma como achar mais interessante. Cozinhe-os separadamente em água salgada até que fiquem macios, porém íntegros. Depois de cozidos, passe-os por água corrente para interromper o cozimento, escorra-os e seque-os com papel-toalha. Reserve.

2. Dissolva o ágar-ágar em 200 mL de água fria e reserve.

3. Em uma panela, junte o restante da água, a cebola, a cenoura, o salsão e o alho picados e leve à fervura. Tempere bem e cozinhe por 10 minutos. Coe o caldo, descartando os aromáticos.

4. Em uma panela, adicione o caldo coado e o ágar-ágar dissolvido. Ferva por 5 minutos.

5. Forre a fôrma da terrine com filme plástico e arranje os legumes cozidos em camadas.

6. Despeje o caldo fervente com ágar-ágar sobre os legumes e leve à geladeira por pelo menos 4 horas.

7. Desenforme e tire o filme antes de cortar a terrine em fatias grossas com uma faca bem afiada. Conserve na geladeira por até 1 semana.

★ *Sirva a terrine acompanhada de pães, picles, mostarda e molho de pimenta. O caldo pode ser incrementado como desejar. Experimente adicionar açafrão ou beterraba para dar diferentes cores a ele, apenas tome cuidado com ingredientes ácidos, pois eles podem interferir no endurecimento do ágar-ágar.*

Preparo: 1 h + pelo menos 4 h de resfriamento
Cozimento: 30 min
Rendimento: cerca de 1,2 kg

DOCES, COMPOTAS E CRISTALIZADOS

Neste capítulo, vamos fazer um resgate nostálgico dos tachos da minha infância, aprofundando um tantinho mais no lado doce das conservas e no poder do açúcar em conservar frutos e também memórias.

Os doces resgatam recordações afetivas dentro de nós, o que nos leva a outra dimensão através dos sabores. Aqui vamos aprender um pouquinho mais das receitas de minha doce infância no interior de Minas Gerais. Lembranças da rampa da igrejinha Santa Rosa, onde eu descia de bicicleta e podia sentir o aroma sublime vindo dos tachos da casa de dona Abadia, nossa vizinha. Também me lembro da crosta saborosa dos doces que fazíamos na Fazenda Santa Matilde e do sabor e da textura das ambrosias que mamãe preparava.

Deixo mais um capítulo doce registrado em livro para que possa também construir memórias na vida de cada leitor.

Com carinho, Gil Gondim.

MANGADA VERDE

Aprendi esta receita surpreendente com as monjas beneditinas do Mosteiro Nossa Senhora da Glória, em Uberaba, Minas Gerais, onde passava as férias, e seu sabor me remete imediatamente àquele lugar. A razão para esse destino de viagem incomum é que minha mãe tinha sido noviça nesse mosteiro antes de se casar, mas continuou a visitá-lo mesmo depois de casada e comigo a tiracolo.

3 kg de manga verde

2 L de água (para cocção das mangas)

1 kg de açúcar

1. Descasque as mangas e coloque-as em uma vasilha contendo água, para evitar que escureçam.

2. Coloque as mangas em um tacho com os 2 L de água e deixe-as cozinhar até ficarem bem macias. Despreze a água da cocção. Separe a polpa das mangas e despreze os caroços.

3. Junte o açúcar à massa e leve para bater no liquidificador ou misture bem em uma tigela com um fouet.

4. Coloque a mistura em uma panela e leve ao fogo brando. Vá mexendo com uma colher grande até obter o ponto de corte.

5. Despeje em uma fôrma forrada com plástico grosso ou celofane e deixe esfriar. Tire do molde, embale bem e guarde para consumo posterior. Armazene em local seco e ventilado. Consuma em até 3 meses.

★ *O ponto de corte é quando o doce desprega das laterais da panela durante o cozimento.*

★ *A maturação da manga definirá a cor e a acidez do doce. Para doces mais ácidos, utilize mangas bem verdes.*

Preparo: 30 min
Cozimento: 30 a 50 min
Rendimento: 3 kg

BANANADA DE CORTE

Este doce, conhecido em algumas regiões como mariola, é uma excelente forma de aproveitar aquele cacho de bananas que está começando a passar do ponto.

2 kg de banana-prata madura (sem a casca)

500 mL de água (para cocção das bananas)

1 kg de açúcar

1. Descasque as bananas e coloque-as em uma panela com a água. Cozinhe por 10 minutos com a panela tampada. Despreze a água após a cocção.

2. Bata as bananas cozidas no liquidificador ou processador, ou, com um garfo, amasse-as até obter um purê.

3. Em uma panela grossa, despeje o purê de banana e leve ao fogo médio, mexendo ocasionalmente até desprender do fundo da panela (esse processo é para secar a água da polpa e leva aproximadamente de 25 a 30 minutos). Quando atingir o ponto, despeje o purê em um prato ou refratário e reserve.

4. Em uma panela limpa e grossa, coloque o açúcar e leve ao fogo médio até formar um caramelo escuro. Mexa ocasionalmente até todo o açúcar derreter e caramelizar, mas não deixe amargar.

5. Junte a polpa reservada ao caramelo e volte ao fogo mexendo vigorosamente até misturar totalmente e começar o processo de cocção do doce. Cozinhe até o ponto de desgrudar da panela.

6. Faça o teste na água para saber o momento de desligar o fogo (veja a descrição abaixo). Se estiver no ponto de corte, desligue o fogo e vá mexendo o doce fora do fogo até sair todo o vapor da panela.

7. Prepare uma fôrma ou refratário com plástico grosso ou celofane e despeje o doce. Cubra com o mesmo material utilizado para forrar e deixe esfriar para cortar e servir. Armazene em local seco e ventilado e consuma em até 6 meses.

★ *Para saber o ponto de corte, faça o teste na água: em uma vasilha, coloque 2 copos de água fresca (temperatura ambiente), despeje uma ponta de colher do doce na água e espere esfriar. Em seguida, tire da água e, com a ponta dos dedos, enrole o doce. Se ele estiver com a textura de uma banana madura, estará no ponto certo de desligar o fogo. Para fazer mais testes, é preciso trocar a água.*

Preparo: 30 min
Cozimento: cerca de 1 h
Rendimento: 2,5 kg

DOCE DE PAU DE MAMÃO COM COCO

As PANCs, plantas alimentícias não convencionais, englobam, além de espécies pouco exploradas comercialmente, partes de vegetais convencionais que não são comumente consumidos, por exemplo, as flores e brotos da abóbora, o coração da bananeira e as folhas da batata-doce. Esta receita utiliza uma PANC: o pau de mamão, mais especificamente, a medula do caule do mamoeiro.

É possível encontrar o pau de mamão em algumas feiras de produtos orgânicos, porém, o mais comum, é obter o pau de mamão quando se corta um pé já improdutivo ou mesmo um pé da planta macho, que não dá frutos, apenas flores.

1 kg de pau de mamão (a parte branca do caule do mamoeiro)

1 kg de açúcar orgânico

1,5 L de água

150 g de coco ralado em flocos

8 cravos-da-índia

1 canela em pau

1. Corte o caule do mamoeiro ao meio, retire e rale a parte branca. Coloque em uma panela e cubra com água fria. Leve ao fogo até abrir fervura e desligue após 1 minuto. Escorra a água quente, em seguida, enxágue bem com água fria. Repita o processo de fervura e enxágue por três vezes.

2. Coloque em uma panela o açúcar, o 1,5 L de água, o coco ralado e as especiarias. Deixe ferver e vá misturando aos poucos até formar uma calda rala (aproximadamente 5 minutos).

3. Adicione o pau do mamoeiro e cozinhe mexendo sempre até ficar macio (cerca de 15 minutos). Despeje em um vidro esterilizado e faça a pasteurização. Pode ser armazenado em temperatura ambiente por até 1 ano. Depois de aberto, mantenha refrigerado e consuma em até 1 semana.

★ *Se quiser um doce mais branquinho, utilize açúcar cristal branco.*
★ *Para armazenar o doce por um longo período, sugiro retirar as especiarias após a cocção. Um método que facilita essa remoção é colocá-las em um pedaço de pano multiuso ou gaze e amarrar bem antes de adicioná-las ao preparo do doce. Depois da cocção, é só retirar esse saquinho.*

Preparo: 30 min
Cozimento: 1 h
Rendimento: 2,5 kg

MARRON GLACÉ

Marrons são as castanhas portuguesas. Quando glaceadas, têm o sabor muito similar ao do doce de batata-doce brasileiro, que por essa razão também é conhecido como marron glacé. O processo completo para glacear as castanhas é um tanto trabalhoso, mas mesmo as castanhas em calda já ficam bastante saborosas – e são uma adição sublime a qualquer mesa natalina.

1 kg de castanhas portuguesas

1 kg de açúcar

1 L de água

1 fava de baunilha (opcional)

1. Lave e faça um pequeno corte superficial na casca de cada castanha para posteriormente facilitar sua retirada.

2. Coloque as castanhas em uma panela e cubra com água fervente. Acenda o fogo e cozinhe por 10 minutos a partir da fervura.

3. Descasque as castanhas ainda quentes, retirando também a pele aveludada que fica sob a casca grossa.

4. Em outra panela, dissolva o açúcar em 1 L de água. Acrescente a fava de baunilha aberta ao meio, leve ao fogo e deixe levantar fervura. Adicione as castanhas descascadas e cozinhe por mais 10 minutos.

5. Caso queira as castanhas em calda, envase-as em vidros esterilizados e pasteurize para que dure por até 6 meses. Caso prefira glaceá-las, tampe a panela e deixe em temperatura ambiente por 24 horas.

6. No dia seguinte, volte a panela para o fogo e deixe ferver por 1 minuto. Desligue e tampe. Repita o processo por mais 2 dias.

7. Preaqueça o forno a 120 °C. Retire as castanhas da calda e coloque-as em uma assadeira forrada com papel-manteiga, sem que encostem umas nas outras. Leve para assar, deixando a porta do forno semiaberta (com uma colher de pau para segurar).

8. Seque as castanhas por 1 hora ou até que estejam secas ao toque, então, retire-as do forno e deixe esfriarem sobre uma grade de confeitaria.

9. Embrulhe uma a uma com celofane e mantenha-as em recipiente hermético. Consuma em até dois meses.

Preparo: 2 h (castanhas em calda) ou 3 dias (castanhas glaceadas)
Cozimento: 30 min a 2 h
Rendimento: 800 g de castanhas glaceadas ou 1,5 kg de castanhas em calda

PAPOS DE ANJO

A doçaria portuguesa é caracterizada pela abundância de dois ingredientes profundamente atrelados à história desse país. O açúcar, que antes da produção massiva no Brasil colônia era um artigo de luxo, usado apenas em pequenas quantidades; e as gemas, excedentes da clarificação do vinho, o principal produto de exportação português, especialmente a partir dos tratados de 1703.

Esta receita é um exemplo típico dessa doçaria: praticamente leva só gemas e açúcar, com um toque de vinho do porto, para relembrar o destino das claras.

1 kg de açúcar

1 L de água

1 canela em pau

50 mL de vinho do porto

10 gemas (cerca de 200 g)

1 ovo inteiro

Manteiga e farinha para untar

1. Preaqueça o forno a 180 °C.

2. Em uma panela, aqueça o açúcar e a água, mexendo até que o açúcar dissolva completamente. Assim que ferver, adicione a canela e cozinhe por 5 minutos.

3. Retire do fogo e deixe esfriar, então adicione o vinho e reserve.

4. Peneire as gemas para retirar a pele e coloque-as em uma tigela de batedeira. Acrescente o ovo inteiro e bata até dobrar o volume e a cor ficar um amarelo pálido.

5. Unte e enfarinhe forminhas de empada ou de muffin e encha-as até a metade com a mistura batida.

6. Disponha as forminhas em uma assadeira e leve ao forno, colocando água quente na assadeira até a metade da altura das forminhas, para que assem em banho-maria. Asse por cerca de 30 minutos.

7. Desenforme os papos de anjo e, quando estiverem frios, arranje-os em um pote de vidro esterilizado, sem apertá-los. Cubra com a calda quente, tampe e pasteurize.

★ *Depois de pasteurizados, os vidros devem ser mantidos em temperatura ambiente e consumidos em até 6 meses. Caso prefira não pasteurizar, deixe os papos de anjo na calda por pelo menos 1 dia antes de consumir – nesse caso, a validade será de 3 dias.*

Preparo: 30 h
Cozimento: 40 min
Rendimento: cerca de 1,2 kg (com a calda)

FIGADA

O doce de figo mais comum é a compota de figos verdes, porém, durante a época de figo, às vezes não dávamos conta de colhê-los ainda verdes e eles acabavam amadurecendo no pé. Como o figo maduro é muito perecível, tínhamos esta receita na manga para aproveitá-los.

A figada, cortada em cubinhos e passada no açúcar, compunha, ao lado do pé de moleque, do doce de abóbora, entre outros, o cartucho de doces que vendíamos nas quermesses das festas juninas.

1 kg de figo roxo maduro

1 kg de açúcar

1. Retire as extremidades dos figos e corte-os em pedaços pequenos. Em uma panela, coloque o figo e o açúcar e leve ao fogo médio. Deixe cozinhar e vá mexendo ocasionalmente até o ponto de desgrudar do fundo da panela.

2. Após o ponto estar correto, desligue o fogo e vá mexendo o doce fora do fogo até sair todo o vapor da panela.

3. Prepare uma fôrma ou refratário com plástico grosso ou celofane e despeje o doce, cubra com o mesmo material utilizado e deixe esfriar para cortar e servir.

4. Embale bem e armazene em local seco e ventilado por até 3 meses.

★ *As medidas de figo e de açúcar são proporcionalmente iguais, o que facilita fazer porções menores ou maiores. Se desejar agregar sabor diferenciado, uma dica é acrescentar 1 envelope de gelatina de uva na panela e seguir com o preparo.*

Preparo: 30 min
Cozimento: 20 a 40 min
Rendimento: 1,6 kg

AMBROSIA

Este doce, que leva o nome do mitológico "manjar dos deuses", era mais uma forma de aproveitar o leite na fazenda, já que não podemos viver só de doce de leite, pingo doce, coalhada, queijo minas, requeijão de corte...

400 g (2 xícaras de chá) de açúcar

1 canela em pau

6 cravos-da-índia

1 L de leite

1 limão-taiti pequeno

6 ovos inteiros ligeiramente batidos

1. Em uma panela alta, coloque 1 xícara de chá de açúcar, a canela em pau e os cravos-da-índia. Deixe derreter e ferver em fogo médio até formar um caramelo.

2. Despeje o leite sobre o caramelo e misture bem. Junte o açúcar restante.

3. Rale a casca do limão com um ralo fino e adicione à mistura do leite (não ralar a parte branca do limão). Leve ao fogo até abrir fervura.

4. Assim que o leite ferver, despeje os ovos devagar e vá cortando o doce talhado com uma espátula, colher de arroz ou escumadeira grande, conforme o seu gosto por pedaços maiores ou menores.

5. Com uma escumadeira, retire os pedaços talhados do doce e despeje-os em vidros esterilizados.

6. Coe a calda que sobrar na panela para retirar os cravos e a canela. Despeje a calda nos vidros, feche-os e pasteurize.

7. Se não pasteurizar, o doce pode ser mantido em geladeira e consumido em até 7 dias. Pasteurizado, poderá durar até 3 meses.

★ *Mesmo o doce pasteurizado, o melhor é colocar para gelar antes de servir, pois gelado fica mais saboroso.*
★ *Sugiro também servir com morangos macerados em açúcar e manjericão ou ainda com sorvete de limão.*

Preparo: 15 min
Cozimento: 40 min
Rendimento: 1,7 kg

DOCES CRISTALIZADOS

A técnica de cristalização é utilizada para trazer crocância externa, maciez interna e muito sabor ao fruto, além de ser um método de conservar os doces por mais tempo. No entanto, são necessários cuidados para que micro-organismos não se desenvolvam e embolorem o doce.

MAMÃO CRISTALIZADO

O cultivo do mamão é muito fácil e produtivo. No interior, é comum que cresçam quase que espontaneamente, de sementes descartadas de forma descuidada. Assim, para aproveitar a abundância do mamão, a cozinha mineira desenvolveu vários preparos com esse ingrediente, como compotas, doces, e este mamão cristalizado, de preparo simples, ainda que demorado.

1,5 kg de mamão verde (de preferência mamão caipira)

2 L de água (para escaldar)

1 colher (café) de bicarbonato de sódio

1 kg de açúcar cristal, mais 500 g para cristalizar

2 L de água (para a calda)

6 cravos-da-índia

1 canela em rama

1. Com uma faca, risque o mamão para extrair o látex leitoso e deixe-o descansar por 10 minutos. Lave bem, descasque o mamão e corte-o em pedaços do tamanho desejado (sugiro 3 × 3 cm, aproximadamente).

2. Em uma panela, despeje os 2 L de água, o mamão cortado e o bicarbonato de sódio. Leve ao fogo alto e cozinhe por 5 minutos depois de ferver. Escorra a água e enxágue bem. Reserve.

3. Em outra panela, prepare a calda com o açúcar e os outros 2 L de água. Leve ao fogo e acrescente as especiarias. Deixe ferver até formar uma calda bem rala.

4. Coloque o mamão escorrido e deixe cozinhar por aproximadamente 40 minutos em fogo brando. Verifique com um palito se o doce está macio. Desligue o fogo e deixe descansar de um dia para o outro na calda.

5. Escorra os pedaços de doce e passe-os em açúcar cristal. Deixe os pedaços secarem em peneiras, virando os doces ocasionalmente.

★ *Os doces devem ficar crocantes por fora e macios por dentro. Por isso, sempre os armazene em potes herméticos para não melarem o açúcar nem perderem a crocância.*

★ *O mesmo processo pode ser feito com figo, abacaxi, abóbora e tantas outras frutas mais firmes – lembrando que a base do cristalizado é sempre uma boa compota.*

Preparo: 30 min + de 1 a 7 dias de secagem
Cozimento: 1 h
Rendimento: 1 kg

CASQUINHAS DE LARANJA E LIMÃO CRISTALIZADAS

Esta é uma receita sustentável, que transforma uma parte normalmente descartada em deliciosos confeitos que vão especialmente bem como acompanhamentos de uma boa xícara de café.

5 laranjas (de preferência laranjas-baía) ou 10 limões-taiti ou 7 limões-sicilianos

1,5 kg de açúcar cristal

500 mL de água

1. Com uma faca ou descascador, descasque os frutos tirando o mínimo possível da parte branca. Corte as cascas em tirinhas.

2. Coloque as tirinhas em uma panela e cubra-as com água fria. Leve ao fogo até abrir fervura e desligue o fogo após 1 minuto. Escorra a água quente, enxágue bem com água fria e repita todo o processo por 3 vezes.

3. Coloque em uma panela 1 kg de açúcar, 500 mL de água e as tirinhas das cascas.

4. Deixe ferver e vá mexendo aos poucos até formar uma calda bem grossa (aproximadamente 25 minutos).

5. Para saber o ponto, as casquinhas devem estar bem brilhantes e translúcidas e a calda deverá estar quase seca.

6. Tire as casquinhas com uma escumadeira e coloque para escorrer bem. Deixe esfriar por 5 minutos.

7. Em uma fôrma, espalhe o açúcar cristal restante (500 g). Despeje sobre o açúcar as casquinhas escorridas e misture bem até envolver todas elas.

8. Cubra a assadeira com um pano limpo para não abafar, e deixe as casquinhas no açúcar por 24 horas. No dia seguinte, elas estarão crocantes por fora e macias por dentro.

9. Peneire para tirar o excesso de açúcar e guarde as casquinhas em recipiente com tampa hermética.

★ *Não guarde as casquinhas em geladeira. Elas poderão ser consumidas em até 30 dias.*

★ *Para potencializar a cor dos frutos, pode-se usar ½ colher de café de bicarbonato de sódio no preparo da primeira etapa.*

★ *Use o açúcar aromático que sobrar para adoçar cafés e chás ou mesmo em receitas de bolos e biscoitos.*

Preparo: 30 min + o tempo de secagem de 24 h
Cozimento: 1 h
Rendimento: 300 g

GELEIAS E CURDS

Sabores, aromas, texturas e cores – este é o mundo das geleias, no qual podemos criar combinações incríveis e, ao mesmo tempo, nos transportar ao paraíso das memórias afetivas. Já os curds encantam os paladares por sua textura aveludada e sabores intensos.

GELEIA DE PIMENTA DEDO-DE-MOÇA

Quando provei pela primeira vez os dadinhos de tapioca do querido chef Rodrigo Oliveira, fiquei encantada com o petisco e, principalmente, com a geleia de pimenta que os acompanhava. Como na época ainda não tinha o privilégio de tê-lo como amigo, tentei recriar, com base em meu próprio paladar e na minha experiência com geleias, a receita que me encantou. Hoje, tenho a receita dele e a minha!

8 pimentas dedo-de-moça picada e sem as sementes

3 dentes de alho ralados

2 maçãs verdes

500 mL de suco de laranja

500 g de açúcar cristal

1 pitada de sal

1 pitada de noz-moscada

1. Pique a pimenta e retire as sementes. Rale o alho e reserve.

2. Descasque e tire as sementes das maçãs. Bata-as no liquidificador com o suco de laranja até formar um purê.

3. Em uma panela, junte o açúcar, a pimenta e o alho e leve ao fogo até abrir fervura. Acrescente o sal e a noz-moscada.

4. Com uma escumadeira, vá tirando a espuma que se formar por cima, sem mexer a geleia.

5. Deixe cozer por 20 minutos. Retire a espuma esbranquiçada e vá misturando delicadamente.

6. Faça o teste do pires, conforme instrução no capítulo "Técnicas". Quando estiver pronta, envase a geleia imediatamente em vidros esterilizados, deixando uma borda de aproximadamente um dedo, e tampe bem.

7. Após o envase, vire os vidros de cabeça para baixo e deixe-os assim até esfriarem – essa técnica sela a tampa, o que garantirá uma durabilidade de até 6 meses ao produto. Depois de aberto, manter refrigerado e consumir em até 15 dias.

★ *Essa geleia é a combinação perfeita para servir com dadinho de tapioca ou queijo coalho grelhado.*

Preparo: 30 min
Cozimento: 20 a 40 min
Rendimento: 1 kg

GELEIA DE MANGA E MARACUJÁ

A receita desta geleia foi pensada para unir a doçura das mangas maduras com a acidez gostosa dos maracujás em uma combinação de amarelo intenso.

1 kg de manga madura

500 mL de água

4 maracujás maduros (polpa com sementes)

500 g de açúcar cristal

1. Descasque as mangas, corte a polpa em pedaços e despreze o caroço.

2. Em uma panela, coloque os pedaços de manga e cubra com a água. Leve ao fogo até cozinhar bem e vá amassando até formar um purê. Adicione a polpa do maracujá (com as sementes) e o açúcar.

3. Mantenha a panela com a mistura em fogo brando e cozinhe por aproximadamente 30 minutos, vá mexendo delicadamente até dar o ponto desejado de geleia.

4. Faça o teste do pires, conforme instrução no capítulo "Técnicas". Quando estiver pronta, envase a geleia imediatamente em vidros esterilizados, deixando uma borda de aproximadamente um dedo, e tampe bem.

5. Após o envase, vire os vidros de cabeça para baixo e deixe-os assim até esfriarem – essa técnica sela a tampa, o que garantirá uma durabilidade de até 6 meses ao produto. Depois de aberto, manter refrigerado e consumir em até 15 dias.

★ *Procure fazer a geleia com mangas que contenham menos fiapos; uma boa opção é a manga palmer.*
★ *Para obter um purê lisinho, passe a manga em um mixer ou espere esfriar para bater no liquidificador.*
★ *Lembre-se de sempre retirar a espuma que se forma na superfície durante a cocção para remover as impurezas do açúcar e ter um produto final com brilho.*

Preparo: 1h
Cozimento: 40 min
Rendimento: 1,5 kg

GELEIA DE HIBISCO COM CRANBERRY

Esta é uma receita que une os benefícios à saúde de dois ingredientes funcionais: o hibisco, que é rico em flavonoides, faz bem ao coração, ajuda a regular o colesterol e ainda produz um efeito estimulante no intestino, podendo auxiliar na perda de peso; e o cranberry, também chamado de oxicoco, que previne infecções urinárias e é um poderoso antioxidante.

100 g de flores de hibisco desidratadas

300 mL de água fervente

300 mL de suco de cranberry

2 maçãs verdes (sem casca e sem sementes)

Suco de ½ limão-taiti

2 colheres (sopa) de vinagre de maçã (30 mL)

2 bagas de cardamomos

300 g de açúcar demerara

1. Lave bem as flores de hibisco, pois elas podem conter galhos, pedras ou areia.

2. Em um recipiente, coloque as flores de hibisco e despeje por cima a água fervente, tampe e deixe a infusão descansar por 2 horas. Coe com uma peneira e reserve.

3. Bata no liquidificador o suco de cranberry com as maçãs sem casca e sem sementes até formar um purê.

4. Em uma panela, despeje a infusão de hibisco reservada, o purê de maçã com cranberry, o suco de limão, o vinagre de maçã, o cardamomo e o açúcar. Deixe cozer por 20 minutos. Retire a espuma esbranquiçada ao longo do cozimento e vá misturando delicadamente.

5. Faça o teste do pires, conforme instrução no capítulo "Técnicas". Quando estiver pronta, envase imediatamente a geleia em vidros esterilizados, deixando uma borda de aproximadamente um dedo, e tampe bem.

6. Após o envase, vire os vidros de cabeça para baixo e deixe-os assim até esfriarem – essa técnica sela a tampa, o que garantirá uma durabilidade de até 6 meses ao produto. Depois de aberto, manter refrigerado e consumir em até 15 dias.

★ *Retire a espuma da geleia para que ela fique bem translúcida.*
★ *Sirva com queijo branco no café da manhã. Além de ser uma delícia, esta geleia é também um alimento funcional.*

Preparo: 30 min + 2 h de infusão
Cozimento: 20 a 40 min
Rendimento: 1 kg

GELEIA DE FIGO COM LIMÃO-SICILIANO

Mais uma receita pensada para aproveitar os figos maduros, combinando-os com a acidez do suco de limão-siciliano e o potente aroma de suas raspas.

1 kg de figo roxo maduro

2 limões-sicilianos

1 maçã verde

100 mL de água

250 g de açúcar cristal

1. Retire o caule e corte os figos, com a casca, em pedaços menores.

2. Raspe a casca dos limões (apenas a parte amarela) com um ralo fino. Esprema os limões para extrair o suco. Reserve.

3. Descasque e rale a maçã.

4. Em uma panela, junte os figos cortados, as raspas e o suco dos limões, a água, o açúcar e a maçã. Misture bem e leve ao fogo brando.

5. Quando abrir fervura, passe a escumadeira sobre a superfície para remover a espuma e deixar a geleia mais brilhante.

6. Vá mexendo ocasionalmente até ficar no ponto de geleia.

7. Faça o teste do pires, conforme instrução no capítulo "Técnicas". Quando estiver pronta, envase imediatamente a geleia em vidros esterilizados, deixando uma borda de aproximadamente um dedo, e tampe bem.

8. Após o envase, vire os vidros de cabeça para baixo e deixe-os assim até esfriarem – essa técnica sela a tampa, o que garantirá uma durabilidade de até 6 meses ao produto. Depois de aberto, manter refrigerado e consumir em até 15 dias.

★ *Utilize um ralo bem fininho ao extrair a casca do limão, isso evitará raspar a parte branca, que amarga o produto.*

Preparo: 20 min
Cozimento: 20 a 40 min
Rendimento: 1,2 kg

GELEIA DE HORTELÃ

Um clássico das churrascarias, esta geleia refrescante foi pensada para acompanhar carnes gordurosas, especialmente o cordeiro assado, no entanto, é também um ótimo acompanhamento para uma bela tábua de queijos e charcutaria.

8 folhas de hortelã graúdas

500 mL de água quente

2 maçãs verdes descascadas e sem sementes

500 g de açúcar cristal

1 pitada de sal

20 folhas de hortelã branqueadas e picadas

1. Em um recipiente, faça a infusão das 8 folhas de hortelã com a água quente e tampe por 20 minutos; coe e reserve.

2. Bata no liquidificador as maçãs com a infusão de hortelã até obter um purê.

3. Em uma panela, junte o purê, o açúcar e o sal e leve ao fogo brando.

4. Com uma escumadeira vá tirando a espuma que se forma por cima, sem mexer a geleia.

5. Deixe cozer por 10 minutos. Retire a espuma esbranquiçada e vá misturando delicadamente.

6. Faça o teste do pires, conforme instrução no capítulo "Técnicas". Quando estiver no ponto, acrescente as outras 20 folhas de hortelã branqueadas e picadas e misture.

7. Envase imediatamente em vidros esterilizados, deixando borda de aproximadamente 1 dedo. Tampe bem.

8. Após o envase, vire os vidros de cabeça para baixo e deixe-os assim até esfriarem – essa técnica elimina o ar dentro do recipiente e sela a tampa, o que garantirá uma durabilidade de até 6 meses. Depois de aberto, manter refrigerado e consumir em até 15 dias.

★ *Se preferir uma geleia mais verde, recomenda-se a adição de uma pitada de corante alimentício natural verde (espirulina), na proporção de meia colher de chá por receita.*

★ *O branqueamento é uma técnica utilizada para manter a cor do alimento. Para aplicá-lo às folhas de hortelã, ferva água e adicione as folhas por 30 segundos ou menos, escorra-as e mergulhe-as imediatamente em água com gelo para parar o cozimento.*

★ *Essa geleia é a combinação perfeita para servir com carne de cordeiro.*

Preparo: 20 min
Cozimento: 20 a 40 min
Rendimento: 1 kg

CURDS DE FRUTAS

Companheiro constante de scones, clotted cream e geleias nos chás da tarde ingleses, os curds, com seu sabor intenso e fresco, são uma adição enriquecedora ao repertório de qualquer confeiteiro, podendo ser usado também como um excelente recheio ou cobertura para bolos e docinhos.

CURD DE LIMÃO-SICILIANO

4 limões-sicilianos

200 g de açúcar

100 g de manteiga

4 ovos batidos

1. Lave e seque os limões. Raspe a casca (apenas a parte amarela, sem a parte branca), depois esprema os limões e coe o suco. Você deve obter pelo menos 160 mL. Se necessário, complete com o suco de outro limão.

2. Junte o suco, as raspas, o açúcar e a manteiga em uma tigela de inox e coloque sobre uma panela com água fervente, cozinhando em banho-maria e em fogo baixo. Misture até a manteiga derreter, então bata com um fouet e adicione os ovos batidos.

3. Continue a bater a mistura por cerca de 10 minutos, até atingir uma consistência de creme grosso.

4. Retire do banho-maria e passe o curd por uma peneira fina para retirar as raspas e eventuais grumos.

5. Armazene em vidros esterilizados e mantenha refrigerado. Consuma em até 2 semanas.

Preparo: 20 min
Cozimento: 20 min
Rendimento: 500 g

CURD DE FRUTAS VERMELHAS

200 g de frutas vermelhas (frescas ou congeladas)

2 limões-sicilianos

100 g de manteiga

200 g de açúcar

4 ovos batidos

1. Lave as frutas vermelhas e coloque-as em uma panela pequena. Cozinhe em fogo baixo por cerca de 5 minutos depois de levantar fervura, mexendo e amassando as frutas para que liberem o suco.

2. Esprema os limões e coe o suco.

3. Coloque as frutas vermelhas cozidas em uma tigela de inox com o suco dos limões, o açúcar e a manteiga. Coloque a tigela sobre uma panela com água fervente, cozinhando em banho-maria e em fogo baixo. Mexa até a manteiga derreter, em seguida, bata com um fouet enquanto adiciona os ovos batidos.

4. Continue batendo por cerca de 10 minutos, até formar um creme grosso.

5. Se quiser uma textura mais lisa, peneire o curd; caso prefira manter as sementes e pedaços de fruta, transfira diretamente para vidros esterilizados com tampa.

6. Mantenha refrigerado e consuma em até 2 semanas.

Preparo: 30 min
Cozimento: 20 min
Rendimento: 700 g

BEBIDAS

A associação de bebidas com conservas pode não ser imediata, no entanto, a eficiência do álcool como meio de preservação de alimentos é indiscutível, enquanto o açúcar usado em compotas e doces é também um meio eficaz ao reduzir a quantidade de água disponível para os micro-organismos deteriorantes.

A ideia de bebidas como conserva busca justamente, da mesma forma que as demais modalidades, preservar o sabor, aroma ou mesmo o valor nutricional de alimentos para além de sua validade *in natura*, o que é especialmente importante quando se tem produtos muito sazonais. Outras vezes, é verdade, estender a validade de um perecível não é a principal motivação, mas sim criar bebidas para brindar os bons momentos.

EXTRATOS AROMÁTICOS

Muitas das substâncias responsáveis pelos aromas alimentares são compostos orgânicos mais facilmente solúveis em álcool do que em água. Os aromas são os grandes responsáveis pela complexidade dos sabores, isso porque nossa boca é capaz de perceber apenas cinco sabores (salgado, doce, azedo, amargo e umami), enquanto o nariz pode distinguir milhares de cheiros. Assim, acumular alguns extratos aromáticos é fundamental para um bom cozinheiro.

EXTRATO DE BAUNILHA

A vanilina é o principal composto aromático da baunilha, porém a baunilha natural possui centenas de outras moléculas aromáticas que tornam o extrato de baunilha verdadeira muito mais complexo do que a essência produzida artificialmente.

1 fava de baunilha

200 mL de álcool de cereais ou vodca

1. Corte a fava de baunilha longitudinalmente e coloque-a em um pote de vidro esterilizado (não reutilize vidros nesta preparação, pois aromas do produto anterior poderão contaminar o extrato).

2. Complete com o álcool, tampe bem e guarde o frasco em temperatura ambiente e protegido da luz.

3. Uma vez por semana, agite o pote sem abri-lo.

4. Depois de 1 mês, o extrato poderá ser utilizado. Mantenha a fava no extrato por pelo menos 6 meses. A validade é indefinida, desde que mantido hermeticamente fechado.

★ *Utilize o extrato em preparações como creme de confeiteiro, merengue, caldas e bebidas. Em preparações como bolos e bolachas, devido à volatilidade dos compostos aromáticos, não vale a pena usar o extrato natural.*

★ *Depois de passado o tempo de maceração da baunilha no álcool, seque a fava e utilize-a para aromatizar açúcar.*

Preparo: 5 min + 1 mês de maceração
Cozimento: —
Rendimento: 200 mL

EXTRATO DE CUMARU

Este extrato é muito simples de ser feito: basta colocar as sementes de cumaru inteiras no álcool. Não é necessário abrir ou ralar as sementes, pois seu aroma está concentrado na casca.

4 sementes de cumaru

200 mL de álcool de cereais ou vodca

1. Coloque as sementes inteiras e o álcool em um pote de vidro esterilizado. Tampe bem e guarde o frasco em temperatura ambiente ao abrigo da luz.

2. Uma vez por semana, agite o pote sem abri-lo.

3. Depois de 1 mês, o extrato poderá ser utilizado, no entanto, mantenha as sementes no extrato por pelo menos 6 meses. A validade é indefinida, desde que mantido hermeticamente fechado.

★ *O mesmo processo pode ser utilizado com outras especiarias, como nibs de cacau, canela em pau, bagas de cardamomo, raiz de alcaçuz, etc.*

Preparo: 5 min + 1 mês de maceração
Cozimento: —
Rendimento: 200 mL

EXTRATO DE MENTA

Além de especiarias secas, é possível também fazer extratos com ervas frescas pelo mesmo processo, o que é especialmente interessante no caso da hortelã-pimenta, rica em mentol, composto solúvel em álcool.

100 g de hortelã-pimenta (folhas e galhos tenros)

100 mL de álcool de cereais ou vodca

1. Lave e higienize a hortelã. Escorra e seque bem.
2. Corte grosseiramente as folhas e coloque-as em um vidro esterilizado.
3. Cubra com o álcool e tampe. Mantenha o frasco em temperatura ambiente ao abrigo da luz.
4. Deixe macerando por 6 semanas, agitando o vidro uma vez por dia.
5. Coe o extrato, passando-o por um filtro de papel para café.
6. Mantenha o recipiente fechado e consuma em até 1 ano.

★ *Utilize esse extrato em preparações em que queira dar a refrescância do mentol, como sorvetes, cremes ou mousses. Outros vegetais frescos que podem ser usados nessa preparação são: cascas de cítricos (sem a parte branca, que é amarga), pimenta-de-cheiro e frutas aromáticas, como morango e abacaxi.*

Preparo: 15 min + 6 semanas de maceração
Cozimento: —
Rendimento: 100 mL

BITTERS

Grande parte dos vegetais venenosos tem o sabor amargo, e é provável que, por isso, nosso paladar acabou se tornando tão sensível a esse sabor e seja tão comum que pessoas prefiram não consumir alimentos com essa característica. No entanto, dada a diversidade de fontes alimentares com esse traço, não é de se espantar que nosso paladar tenha se adaptado para distinguir entre diversos sabores amargos. Diferentemente do sabor doce ou do salgado, por exemplo, que só são percebidos em intensidade, temos o amargor do café, que não tem o mesmo amargor do jiló, que não tem o mesmo amargor do lúpulo, e assim por diante.

Na coquetelaria, o uso de ingredientes amargos na dose certa é uma das habilidades mais cruciais dos bartenders. Mesmo algumas gotas de bitters já são capazes de arrematar o sabor de um coquetel.

BITTERS DE LARANJA

Embora haja uma variedade enorme de bitters, os mais comumente utilizados na coquetelaria são o bitters de laranja e o aromático, que são componentes fundamentais de coquetéis clássicos como o jabberwocky, o dry martini, o old fashioned e o manhattan. Esta receita de bitters de laranja é uma fórmula básica que mantém os elementos principais, como o amargor, a doçura e a complexidade aromática, e serve como modelo para diversas variações.

1 g de raiz de genciana ou casca de quinquina (elemento de amargor)
30 g de casca de laranja (seca, fresca ou os dois)
5 g de casca de limão-siciliano (seca ou fresca)
1 g de bagas de cardamomo
1 g de sementes de coentro
1 g de pimenta-da-jamaica
1 g de anis-estrelado
1 g de cravo-da-índia
1 g de noz-moscada ralada
1 pitada pequena de pistilos de açafrão (cerca de 40 pistilos)
150 mL de vodca, rum, cachaça ou outro destilado (que contenha no mínimo 40% de teor alcoólico)
50 mL de álcool de cereais
20 g de melaço de cana ou mel

★ *Substitua as cascas de cítricos por canela em pau e nibs de cacau para um bitters aromático. Experimente em coquetéis como o dry martini: em um mixing glass ou coqueteleira gelados, com cubos de gelo grandes, adicione 60 mL de gim, 10 mL de vermute seco e 8 gotas do bitters de laranja. Misture bem por cerca de 30 segundos e coe para uma taça gelada. Adicione de uma a três azeitonas.*

1. Em um almofariz, quebre grosseiramente as especiarias secas (alternativamente, coloque-as em um liquidificador ou processador de alimentos e dê um pulso apenas). Não bata as cascas frescas.

2. Coloque todos os ingredientes, exceto o melaço, em um pote de vidro esterilizado, feche e agite bem.

3. Mantenha em temperatura ambiente ao abrigo da luz por 2 semanas.

4. Coe a mistura, adicione o melaço ou mel, dissolva bem e, em seguida, passe-a por um filtro de papel.

5. Guarde em pequenas garrafas ou em vidros com conta-gotas. Não é necessário refrigerar. Depois de aberto, consuma em até 1 ano para garantir uma melhor qualidade aromática.

Preparo: 15 min + 2 semanas de maceração
Cozimento: —
Rendimento: 200 mL

XAROPES

XAROPE SIMPLES

Enquanto na confeitaria a solução de açúcar em água é chamada de calda de açúcar, no universo das bebidas é mais comum a chamarmos de xarope.

Os xaropes são conservas porque o açúcar em altas concentrações diminui a água livre disponível para os micro-organismos e cria um ambiente em que a pressão osmótica é capaz de desidratar as células de possíveis patógenos, eliminando-os ou impedindo sua reprodução.

O xarope simples é muito usado na coquetelaria em substituição ao açúcar por sua maior facilidade de diluição. Quanto à concentração, o padrão costuma ser de 1:1 (1 para 1): uma parte de açúcar para uma de água; ou 2:1 (2 para 1), duas partes de açúcar para uma de água, no chamado xarope rico, que pode ser mantido fora do refrigerador por até 1 mês.

| 500 g de açúcar (refinado, demerara, mascavo, de coco ou mel) |
| 500 mL de água |

1. Coloque o açúcar e a água em uma panela pequena e leve ao fogo. Mexa até que levante fervura e todo o açúcar esteja dissolvido.

2. Se necessário, escume as impurezas que subirem.

3. Deixe amornar um pouco e armazene o xarope em uma garrafa esterilizada. Depois de frio, conserve refrigerado e consuma em até 6 meses.

★ *Dependendo da finalidade do xarope, é possível aromatizá-lo adicionando essências como as das receitas anteriores. Também é possível substituir a água por suco de frutas, criando xaropes tecnicamente conhecidos como cordiais.*

Preparo: 15 min
Cozimento: 15 min
Rendimento: 750 mL

XAROPE DE FRUTAS

Além do cordial, que é um xarope feito com açúcar e suco de fruta, podemos preparar xaropes de frutas em pedaços, o que é especialmente apropriado para aquelas mais duras e menos suculentas. É uma excelente forma de preservar frutas de temporada para consumi-las fora de época.

500 g de frutas (como morango, amora, mirtilo, caju, ameixa, cereja, abacaxi e maracujá)

500 g de açúcar

100 mL de água

1. Lave e higienize as frutas. Se necessário, corte-as para que fiquem em cubos médios; se já forem pequenas, podem ficar inteiras.

2. Coloque em uma panela as frutas, o açúcar e a água e leve ao fogo até que levante fervura. Em seguida, abaixe o fogo.

3. Deixe cozinhar lentamente por 10 minutos e vá amassando as frutas com uma espátula ou colher.

4. Retire o xarope do fogo e passe-o por uma peneira fina, pressionando com a espátula ou colher para separá-lo da polpa.

5. Armazene em uma garrafa esterilizada, na geladeira. Consuma em até 3 meses.

★ *Os xaropes de fruta são muito versáteis, podendo ser utilizados em coquetéis, sobremesas e sobre gelo picado. Mas seu melhor uso talvez seja no preparo de sodas italianas, simplesmente combinando o xarope com água com gás, como uma alternativa mais natural aos refrigerantes.*

Preparo: 10 min
Cozimento: 15 min
Rendimento: cerca de 800 mL

XAROPE DE GENGIBRE

O xarope de gengibre pode ser usado para dar um toque de ardência a coquetéis e até mesmo para simplificar o preparo do tradicional quentão. Nos últimos anos, o coquetel moscow mule se tornou muito popular, mas como a ginger beer, que é um de seus ingredientes, não tem ampla distribuição no Brasil, os bartenders costumam substituí-la por xarope de gengibre com água com gás.

500 g de gengibre

500 g de açúcar

700 mL de água

1. Lave e descasque o gengibre. Fatie-o finamente.

2. Coloque em uma panela pequena o gengibre, o açúcar e a água e leve ao fogo, misturando até levantar fervura.

3. Abaixe o fogo e deixe cozinhar lentamente por 30 minutos.

4. Retire do fogo e coe com uma peneira fina, apertando o gengibre para escorrer todo o xarope. Armazene em uma garrafa esterilizada. Mantenha na geladeira e consuma em até 1 mês.

★ *A mesma técnica pode ser usada com outras infusões para criar diferentes xaropes, como de capim-limão, hortelã, canela, chá preto ou verde, etc.*

★ *Para preparar o moscow mule, coloque em uma caneca gelada (de preferência de cobre) gelo picado, 50 mL de vodca, 15 mL de suco de limão-taiti e 15 mL de xarope de gengibre. Complete com água com gás e misture bem.*

Preparo: 15 min
Cozimento: 30 min
Rendimento: 800 mL

XAROPE DE QUININO

O quinino é um alcaloide extraído da casca da árvore quinquina (Cinchona officinalis) e é utilizado no tratamento de febre e malária desde o império Inca. Por conta de seu sabor muito amargo, os europeus combinaram o quinino com açúcar e água com gás, tornando o tratamento mais palatável, e acabaram por criar a água tônica, uma bebida refrescante e complexa, especialmente quando combinada com gim. Este xarope é a base de uma água tônica artesanal.

É possível variar esta receita básica conforme suas preferências, como aumentar ou diminuir o amargor ou a acidez, ou ainda adicionar outros elementos, como especiarias e frutas.

1 limão-siciliano

1 limão-taiti

500 mL de água

10 g de casca de quinquina

10 g de ácido cítrico

500 g de açúcar

1. Raspe a casca dos limões (sem a parte branca). Extraia o suco e, em seguida, coe.
2. Junte todos os ingredientes em uma panela pequena. Leve à fervura, abaixe o fogo e deixe em fervura leve por 30 minutos. Desligue o fogo e reserve até que esteja em temperatura ambiente.
3. Passe por uma peneira fina e armazene em um vidro esterilizado. Mantenha refrigerado e consuma em até 3 meses.

★ *Para fazer água tônica, dilua uma parte do xarope em cinco partes de água com gás gelada, por exemplo, 50 mL de xarope para 250 mL de água com gás. Beba com muito gelo e, caso deseje, adicione gim e uma fatia de limão-taiti para um gim--tônica clássico.*

Preparo: 15 min
Cozimento: 30 min
Rendimento: 750 mL

XAROPE ORGEAT

Pode-se pensar que a ideia de leites vegetais é uma invenção recente, ou um modismo nutricional, no entanto, há receitas milenares dessas preparações. Na região do Mediterrâneo, em particular, a técnica de produzir bebidas a partir de cereais e castanhas se difundiu há pelo menos mil anos. Conhecida como orchata em português (do latim hordeata: "bebida de aveia" – hordeum: "aveia"), a bebida pode ser produzida com nozes, pistache, sementes de abóbora, chufas e arroz. No sul da França, é produzida uma variedade em forma de xarope que é especialmente importante, pois, além de ser consumida diluída como refresco, entra na composição de diversos coquetéis: o xarope orgeat, feito a partir de amêndoas e aromatizado com água de rosas ou flor de laranjeira, apresentado nesta receita.

300 g de amêndoas
500 mL de água
500 g de açúcar
2 mL de água de rosas ou de flor de laranjeira (opcional)
5 mL de essência de amêndoas (opcional)

1. Bata as amêndoas no processador, pulsando até que estejam pulverizadas, com consistência de farinha de mandioca grossa.

2. Em uma panela, junte a água e o açúcar e leve ao fogo, mexendo até dissolver.

3. Adicione as amêndoas processadas, misturando bem. Abaixe o fogo e deixe ferver por 10 minutos.

4. Desligue o fogo e deixe esfriar à temperatura ambiente.

5. Coe passando por uma peneira grande coberta com voal ou outro tecido fino, torcendo e espremendo bem para separar o xarope do bagaço.

6. Adicione a água de rosas ou de flor de laranjeira e a essência de amêndoas, se desejar, e guarde em uma garrafa esterilizada na geladeira por até 1 mês.

★ *O mesmo processo pode ser usado com outras oleaginosas, como pistache, coco, nozes, avelãs torradas, sementes de abóbora, gergelim, entre outras. É comum que a parte mais rica em gordura do xarope se separe com o tempo, mas é só sacudir bem a garrafa antes de usar para homogeneizar a mistura.*

★ *Como sugestões de uso, prepare como refresco diluindo com água bem gelada ou utilize em coquetéis como o mai-tai: em uma coqueteleira com bastante gelo, bata 60 mL de rum escuro, 15 mL de licor de laranja, 30 mL de suco de limão e 15 mL de xarope orgeat; coe para um copo baixo cheio de gelo picado e decore com um ramo de hortelã, uma cunha de abacaxi, uma fatia de limão e uma cereja marasquino.*

Preparo: 15 min
Cozimento: 10 min
Rendimento: 750 mL

SHRUB

Com o desenvolvimento de tecnologias que facilitaram a conservação dos alimentos (como o congelamento e a refrigeração), bem como com o surgimento de uma rede de distribuição de insumos mundialmente integrada, algumas técnicas de produção de conservas caíram no esquecimento.

Foi o caso do shrub, um xarope de frutas com vinagre que era comum na América do Norte entre os séculos XVII e XIX e que foi redescoberto pelos mixologistas nas últimas duas décadas. A combinação pode não parecer apetitosa à primeira vista, porém o vinagre, além de estender a validade do xarope, equilibra o dulçor com uma refrescante acidez – muito semelhante à kombucha, bebida fermentada também rica em ácido acético.

★ Para preparar uma bebida refrescante, dilua o shrub com água com gás bem gelada. Se quiser, adicione uma dose de seu destilado preferido.

★ Algumas sugestões de combinações:
- Morango com vinagre balsâmico (⅕ de vinagre balsâmico e ⅘ de vinagre de vinho tinto);
- Mirtilo com vinagre de maçã;
- Ameixa com cardamomo e vinagre de vinho branco;
- Caju com vinagre de mel.

Preparo: 15 min + o tempo de maceração, no método frio
Cozimento: 10 min no método quente
Rendimento: cerca de 700 mL

---

500 g de fruta fresca ou congelada

500 g de açúcar

500 mL de vinagre (ou um volume próximo a esse, caso opte pelo método a frio)

Frio

1. Lave e higienize as frutas. Corte-as em pedaços pequenos.
2. Em uma vasilha com tampa, misture as frutas com o açúcar, tampe e deixe em temperatura ambiente ao abrigo da luz.
3. Misture as frutas de uma a duas vezes por dia por 3 dias, até que todo ou quase todo o açúcar esteja dissolvido no suco liberado pelas frutas.
4. Coe primeiro passando por uma peneira e amassado para extrair todo o xarope, depois por um filtro fino ou voal.
5. Meça o volume obtido de xarope e adicione o mesmo volume de vinagre. Misture bem e guarde em uma garrafa esterilizada. Mantenha na geladeira e consuma em até 1 ano.

Quente

1. Lave e higienize as frutas. Corte-as em pedaços pequenos.
2. Em uma panela, misture as frutas, o açúcar e o vinagre e leve ao fogo, mexendo até levantar fervura.
3. Cozinhe em fogo baixo por 10 minutos. Desligue o fogo e deixe esfriar.
4. Coe passando primeiro por uma peneira, amassando com uma espátula para extrair todo o shrub, depois por um filtro fino ou voal.
5. Guarde em uma garrafa esterilizada na geladeira e consuma em até 1 ano.

★ Há dois métodos principais para se fazer o shrub: a frio ou com calor. O primeiro é mais lento e mantém as propriedades da fruta fresca; já o segundo é mais rápido e desenvolve os aromas de compota de fruta, devido ao cozimento.

LICORES

A produção de licores artesanais no Brasil segue os mesmos passos da produção açucareira e de doces e compotas, uma vez que a cachaça é um subproduto da cana-de-açúcar e serve como base para os licores. Neste capítulo, buscamos selecionar receitas produzidas apenas a partir de destilados comuns, como vodca, brandy, rum e a nossa cachaça, para tornar mais acessível a produção e valorizar a tradição do licor caseiro.

LICORES DE FRUTAS

Os licores de fruta são os mais fáceis de preparar, necessitando apenas de fruta, destilado e xarope simples, além, é claro, de tempo para a maceração.

Ainda que seja possível preparar esses licores com frutas congeladas, o ideal é aproveitar a opção da temporada, que apresenta alta disponibilidade, melhor qualidade e preço mais baixo.

As receitas a seguir são meros exemplos, já que a mesma técnica básica pode ser aplicada a praticamente qualquer fruta, desde que ela seja própria para o consumo in natura. A quantidade de xarope simples indicada segue um padrão para manter o teor alcoólico entre 15% e 30%. Caso prefira alterar a doçura do licor, é melhor modificar a quantidade de açúcar na produção do xarope (em vez do xarope com proporção 1:1 de água para açúcar, é possível aumentar ou diminuir a quantidade de açúcar em relação à água), para obter um licor mais ou menos doce sem alterar o teor alcoólico, do qual depende o poder de conservação do licor.

LICOR DE MARACUJÁ

500 g de polpa de maracujá (com as sementes)

600 mL de vodca ou cachaça (ou outro destilado neutro com teor de no mínimo 40% de álcool)

400 mL de xarope simples 1:1 (ver receita na página 129)

1. Em um recipiente de vidro com tampa, misture a polpa de maracujá e o destilado. Tampe e chacoalhe bem.

2. Mantenha em temperatura ambiente, ao abrigo da luz, por 2 semanas, chacoalhando vigorosamente uma vez por dia.

3. Coe a mistura por uma peneira, apertando bem para extrair todo o líquido. Coe novamente por uma peneira fina ou um filtro de papel.

4. Acrescente o xarope ao líquido coado e misture bem.

5. Guarde em uma garrafa esterilizada com tampa também esterilizada.

6. Pode ser armazenado em temperatura ambiente por até 1 ano. Depois de aberto, manter refrigerado e consumir em até 6 meses.

★ *Beba bem gelado ou utilize em coquetéis e em receitas como ganache de chocolate branco com maracujá.*

Preparo: 30 min + 2 semanas de maceração
Cozimento: —
Rendimento: 1 L

LICOR DE JABUTICABA

Este é um dos licores mais tradicionais do Brasil, criado para aproveitar a abundância de jabuticabas quando está em época. Tradicionalmente, é consumido puro em pequenas taças, especialmente no final das refeições, no entanto, experimente como substituto do licor de cassis ou do licor de amoras, tanto na confeitaria quanto na coquetelaria. Um kir royale abrasileirado pode ser preparado colocando 15 mL de licor de jabuticaba em uma taça flûte e completando com 120 mL de espumante brut.

500 g de jabuticaba

600 mL de cachaça, vodca ou outro destilado neutro (com no mínimo 40% de teor alcoólico)

400 mL de xarope simples 1:1 (ver receita na página 129)

1. Lave e higienize as jabuticabas. Estoure cada fruta com os dedos e coloque-as (polpa e casca) em um recipiente de vidro com tampa.

2. Adicione o destilado, tampe e chacoalhe bem.

3. Mantenha em temperatura ambiente, ao abrigo da luz, por 1 mês, chacoalhando vigorosamente uma vez por dia.

4. Coe a mistura por uma peneira, apertando bem para extrair todo o líquido. Coe novamente por uma peneira fina ou um filtro de papel.

5. Acrescente o xarope ao líquido coado e misture bem.

6. Guarde em uma garrafa esterilizada com tampa também esterilizada.

7. Pode ser armazenado em temperatura ambiente por até 1 ano. Depois de aberto, manter refrigerado e consumir em até 6 meses.

Preparo: 30 min + 1 mês de maceração
Cozimento: —
Rendimento: 1 L

LICOR DE CUPUAÇU

O cupuaçu, do mesmo gênero do cacau, é extremamente aromático, proporcionando um licor delicioso, com um toque de acidez. É excelente para ser consumido puro, bem gelado, ou para ser usado em coquetéis de frutas, nos quais sua presença marcante se fará notar.

500 g de polpa de cupuaçu
(750 g se estiver com o caroço)

600 mL de cachaça ou outro destilado neutro (com no mínimo 40% de teor alcoólico)

400 mL de xarope simples 1:1
(ver receita na página 129)

1. Se a polpa estiver com caroço, retire-os cortando com uma faca ou tesoura para separar as fibras e aumentar a superfície de contato.

2. Em um recipiente de vidro, misture o cupuaçu com o destilado, tampe e chacoalhe bem.

3. Mantenha em temperatura ambiente, ao abrigo da luz, por 1 mês, chacoalhando vigorosamente uma vez por dia.

4. Coe a mistura por uma peneira, apertando bem para extrair todo o líquido. Coe novamente por uma peneira fina ou um filtro de papel.

5. Acrescente o xarope ao líquido coado e misture bem.

6. Guarde em uma garrafa esterilizada com tampa também esterilizada.

7. Pode ser armazenado em temperatura ambiente por até 1 ano. Depois de aberto, manter refrigerado e consumir em até 6 meses.

Preparo: 30 min + 1 mês de maceração
Cozimento: —
Rendimento: 1 L

LIMONCELLO
E ARANCELLO

Típicos especialmente do sul da Itália, e ao contrário dos licores anteriores, os de frutas cítricas, como limão e laranja, são preparados a partir de suas cascas, não da polpa. O aspecto turvo da bebida aparece quando se adiciona o xarope, o que faz com que os óleos aromáticos diluídos no álcool precipitem quando o teor alcoólico diminui. Isso ocorre com mais facilidade quando se usa álcool de cereais de maior teor alcoólico, mas também é possível com a base de vodca, desde que se dê tempo suficiente para a extração dos óleos.

O modo de preparo é o mesmo tanto para o limoncello (de limão-siciliano) quanto para o arancello (de laranja), bem como para outras frutas cítricas, como a tangerina (mandarinetto), ou ainda para as misturas de cascas de diversas frutas cítricas (agrumello).

Cascas de 5 limões-sicilianos
(ou laranjas – laranjas-baía, de preferência)

500 mL de vodca

300 mL de xarope simples 1:1
(ver receita na página 129)

1. Lave e seque os limões e retire apenas a superfície da casca, sem a parte branca, que é muito amarga.

2. Coloque em um recipiente com tampa e adicione a vodca.

3. Tampe, chacoalhe bem e mantenha em temperatura ambiente e ao abrigo da luz, sacudindo uma vez por dia por 1 semana.

4. Coe e misture o xarope, mexendo bem.

5. Armazene em uma garrafa esterilizada. Pode ser mantido em temperatura ambiente por até 1 ano, ou indefinidamente se refrigerado.

★ *Normalmente, esse licor é consumido puro bem gelado, mas também pode ser consumido com cubos de gelo e água com gás ou ser usado em sobremesas como o tiramisu al limoncello, adicionando um pouco do licor ao creme de mascarpone e umedecendo as bolachas em leite com limoncello no lugar de café.*

★ *Ao preparar o licor de laranja, é possível substituir ¾ das cascas de laranja frescas por cascas de laranja amarga secas e produzir o licor triple sec, um dos mais utilizados na coquetelaria.*

Preparo: 30 min + 1 semana de maceração
Cozimento: —
Rendimento: 750 mL

LICOR DE CAFÉ

A qualidade deste licor vai depender muito da qualidade dos ingredientes, principalmente do café, sendo ideal que seja usado um café especial de torra média. O uso da baunilha, da canela e dos nibs de cacau são opcionais, no entanto, ajudam a dar complexidade e profundidade ao licor. Da mesma forma, é recomendado utilizar como base um destilado envelhecido em madeira, como cachaça envelhecida, brandy ou rum escuro.

400 mL de cachaça envelhecida, brandy ou rum escuro
100 g de café especial moído (moagem média)
15 g de nibs de cacau (opcional)
½ fava ou 15 mL de extrato de baunilha (opcional)
1 pau de canela (opcional)
400 mL de água filtrada
300 g de açúcar

1. Em um recipiente de vidro, coloque o destilado, os nibs de cacau, 70 g do café, o extrato ou a baunilha aberta ao meio e a canela. Tampe, chacoalhe bem e mantenha em temperatura ambiente ao abrigo da luz por 3 dias.

2. Na véspera de completar o terceiro dia, em outro recipiente de vidro, combine os 30 g de café restante com a água em temperatura ambiente. Tampe e mantenha em temperatura ambiente até o dia seguinte.

3. Coe separadamente por um filtro de café as duas infusões.

4. Adicione o açúcar na infusão de água, misturando bem até dissolver, sem aquecer.

5. Combine as duas soluções e armazene em uma garrafa esterilizada. Consuma em até 1 ano. Não é necessário refrigerar.

★ *Embora seja mais trabalhosa e tenha um tempo de preparo mais longo, essa forma de produzir o licor de café a frio cria uma bebida menos ácida e indigesta. O licor pode ser consumido puro, ao final das refeições, ou como ingrediente de coquetéis clássicos como o white russian e o espresso martini.*

★ *Para preparar o espresso martini, bata na coqueteleira, com bastante gelo: 50 mL de vodca, 30 mL de café expresso e 30 mL do licor de café. Coe para uma taça de martini gelada e decore com três grãos de café.*

Preparo: 40 min + 3 dias de maceração
Cozimento: —
Rendimento: 750 mL

LICOR DE CHOCOLATE

250 mL de creme de leite fresco

100 g de cacau em pó

100 g de chocolate amargo ou meio amargo picado

15 mL de extrato de baunilha ou cumaru (opcional)

400 mL de vodca, brandy ou rum

300 mL de xarope simples 1:1 (ver receita na página 129)

1. Em uma panela, junte o creme de leite e o cacau em pó e leve ao fogo baixo, misturando constantemente até levantar fervura. Desligue o fogo e adicione o chocolate picado. Misture muito bem e deixe esfriar coberto.

2. Quando estiver frio, adicione o extrato (opcional) e o destilado, misture e, em seguida, coe por uma peneira fina.

3. Armazene em uma garrafa de vidro esterilizada e tampe.

4. Mantenha na geladeira e espere pelo menos 2 semanas antes de consumir, para que os sabores se uniformizem.

5. Antes de servir, agite bem a garrafa, pois é normal o cacau decantar com o tempo. Consuma em até 6 meses.

★ *Sirva esse licor com sobremesas ou com sorvete. Também fica ótimo incrementando cafés e cappuccinos.*

Preparo: 45 min + 2 semanas de maturação
Cozimento: 20 min
Rendimento: 1,2 L

ADVOCAAT

O nome deste licor, advocaat, se deve a uma série de acontecimentos históricos muito pitorescos. Aparentemente, quando os holandeses ocuparam o Nordeste brasileiro no século XVII, lhes foi oferecida uma bebida cremosa feita à base de abacate, provavelmente uma batida de abacate com açúcar e cachaça. A bebida de abacate fez sucesso e foi levada à Europa. Ocorre que o clima dos Países Baixos é profundamente inadequado ao crescimento de abacateiros, assim, os produtores locais desenvolveram esta receita em que as gemas dão a cremosidade reminiscente de nossa fruta tropical.

12 gemas (240 g)
300 g de açúcar
1 fava ou 15 mL de extrato de baunilha
1 pitada de sal
400 mL de brandy
200 mL de creme de leite fresco

1. Separe os ovos e retire a pele das gemas, passando-as por uma peneira. Coloque-as em uma tigela de inox, adicione o açúcar e bata imediatamente com um fouet até que fique espumoso e bem pálido.

2. Adicione os demais ingredientes e misture bem.

3. Coloque uma panela com água para ferver. Com a água fervendo em fogo baixo, coloque a tigela sobre a panela e mexa constantemente até que a mistura atinja a temperatura de 70 °C, se tornando mais espessa e cremosa. Cuidado para não cozinhar demais e acabar talhando as gemas.

4. Retire do fogo e coe. Armazene em uma garrafa esterilizada e refrigere por pelo menos 12 horas antes de consumir.

5. Mantenha refrigerado e consuma em até 3 meses.

★ *Sirva gelado, coberto com chantilly e canela em pó, ou como cobertura de sorvetes e bebidas quentes, como chocolate quente e cappuccino.*

Preparo: 40 min + 12 h de refrigeração
Cozimento: 20 min
Rendimento: 1 L

SCHNAPPS DE CANELA

Enquanto na Alemanha, Suíça e Áustria, os schnapps costumam ser bebidas destiladas não adoçadas feitas a partir de frutas, no resto do mundo é comum que o termo se refira a um tipo de licor menos doce e com teor alcoólico mais alto.

Esta receita é de um schnapps de canela, mas ela pode ser substituída por outras especiarias, como baunilha, anis-estrelado, camomila, cardamomo, cumaru, entre outros; também é comum combinar diferentes especiarias no mesmo schnapps.

30 g de canela em pau

700 mL de vodca, cachaça, rum ou outro destilado neutro (com no mínimo 40% de teor alcoólico)

200 mL de xarope simples 1:1 (ver receita na página 129)

1. Coloque em uma garrafa com tampa a canela e o destilado. Tampe e chacoalhe bem.

2. Mantenha em temperatura ambiente e ao abrigo da luz por 1 mês, mexendo uma vez por dia.

3. Coe e adicione o xarope. Misture bem e guarde em uma garrafa esterilizada.

4. Pode ser conservado em temperatura ambiente por tempo indefinido.

★ *Ainda que não necessite de refrigeração, é comum manter a garrafa deste schnapps no congelador, para consumi-lo em pequenas taças extremamente gelado.*

Preparo: 15 min + 1 mês de maceração
Cozimento: —
Rendimento: 850 mL

LICOR DE COCO

Diferentemente de nossa tradicional batida de coco, esta receita produz um licor cristalino e leve graças a uma técnica chamada fat washing, *na qual a maceração acontece com a bebida e elementos aromáticos lipossolúveis, ou seja, com uma gordura rica em aromas, que é depois resfriada a ponto de se solidificar, podendo ser separada do álcool.*

200 g de óleo de coco extravirgem
50 g de coco ralado
600 mL de rum ou cachaça brancos
200 g de açúcar
300 mL de água de coco

1. Coloque em uma panela pequena o coco ralado e metade do óleo e leve ao fogo baixo até o coco começar a dourar. Desligue o fogo e adicione o restante do óleo de coco para derreter e parar o cozimento, evitando assim que o coco ralado queime.

2. Quando estiver frio, transfira a mistura para um recipiente de vidro refratário com tampa e adicione o destilado. Tampe e chacoalhe bem.

3. Mantenha em um lugar fresco e ao abrigo da luz por 1 semana.

4. Coloque o recipiente no congelador e deixe por pelo menos 4 horas para que toda a gordura se solidifique.

5. Coe espremendo levemente para que todo o destilado se separe da gordura. Se este processo estiver demorando muito, coloque tudo na geladeira ou congelador, para que a gordura não derreta.

6. Em um outro recipiente, dissolva o açúcar na água de coco em temperatura ambiente, mexendo bem sem aquecer.

7. Misture o destilado coado e o xarope de água de coco. Transfira para uma garrafa esterilizada. Consuma em até 1 ano.

★ *Sirva com bastante gelo, puro ou com suco de frutas, ou em coquetéis como o malibu piña colada. Coloque em uma coqueteleira com bastante gelo: 60 mL do licor de coco, 90 mL de suco de abacaxi e 30 mL de leite de coco, bata bem e transfira para um copo longo e decore com uma cunha de abacaxi.*

Preparo: 40 min + 4 h de espera + 1 semana de maceração
Cozimento: 10 min
Rendimento: 1 L

CACHAÇA COM MEL E LIMÃO

Como última receita deste livro, nada melhor que uma tradição nacional: a batida de cachaça com limão e mel. Ainda que não seja um licor clássico feito por maceração e sim por mistura, é uma receita tão querida e tradicional que não poderia ficar de fora.

500 mL de cachaça, branca ou envelhecida

casca de 1 limão-taiti

300 mL de suco de limão

250 g de mel

1. Em um recipiente de vidro com tampa, coloque a cachaça e a casca do limão (somente a parte verde). Tampe e mantenha em um lugar fresco e ao abrigo da luz por 2 dias.

2. Adicione à cachaça o suco de limão e o mel e misture até dissolver.

3. Coe por uma peneira fina ou um filtro de papel para retirar todo resquício de bagaço de limão, bem como a casca.

4. Guarde em uma garrafa esterilizada. Não é necessário refrigerar. Consuma em até 1 ano.

★ *Sirva puro como aperitivo ou com bastante gelo para uma bebida refrescante, ou mesmo como substituto da cachaça para uma caipirinha de frutas com toque de mel.*

Preparo: 30 min + 2 dias de maceração
Cozimento: —
Rendimento: 1 L

REFERÊNCIAS

ARNOLD, Dave. **Liquid intelligence**: the art and science of the perfect cocktail. Nova York: W.W. Norton & Company, 2014.

BILET, Maxime; MYHRVOLD, Nathan. **Modernist cuisine at home**. Köln: Taschen, 2014.

BOCUSE, Paul; MULLER, Christophe. **Simple comme Bocuse**. Grenoble: Glénat, 2008.

CARVALHAES, Fernando Goldenstein; ANDRADE, Leonardo Alves. **Fermentação à brasileira**: explore o universo dos fermentados com receitas e ingredientes nacionais. São Paulo: Melhoramentos, 2020.

GONDIM, Gil. **Conservas do meu Brasil**: compotas, geleias e antepastos. São Paulo: Editora Senac São Paulo, 2015.

LIU, Kevin. **Craft cocktails at home**: offbeat techniques, contemporary crowd-pleasers, and classics hacked with science. Richmond: Kevin Liu, 2013.

MCGEE, Harold. **On food and cooking**: the science and lore of the kitchen. Nova York: Scribner, 2004.

ROBUCHON, Joël (org.). **Le grand Larousse gastronomique**. Paris: Larousse, 2007.

STEWART, Amy. **The drunken botanist**: the plants that create the world's great drinks. Chapel Hill: Algonquin, 2013.

VIANNA, Felipe Soave Viegas *et al*. **Manual prático de cozinha Senac**. São Paulo: Editora Senac São Paulo, 2018.

ÍNDICE DE RECEITAS

Advocaat, 149
Ambrosia, 100
Bananada de corte, 90
Bitters de laranja, 127
Cachaça com mel e limão, 154
Casquinhas de laranja e
    limão cristalizadas, 104
Caviar de mostarda, 25
Chili crunch, 46
Chucrute, 67
Chutney de coco, 27
Chutney de manga, 27
Confit de pato, 75
Conserva de pimenta grelhada, 39
Conserva de pimenta na cachaça, 40
Conserva de pimenta no azeite, 43
Curd de frutas vermelhas, 119
Curd de limão-siciliano, 119
Doce de pau de mamão com coco, 92
Escabeche de sardinha, 59
Extrato de baunilha, 123
Extrato de cumaru, 124
Extrato de menta, 125
Figada, 99
Gari shoga, 55
Geleia de figo com limão-siciliano, 114
Geleia de hibisco com cranberry, 112
Geleia de hortelã, 117
Geleia de manga e maracujá, 111
Geleia de pimenta dedo-de-moça, 108
Ketchup, 23
Kimchi, 68
Licor de café, 144
Licor de chocolate, 146
Licor de coco, 152
Licor de cupuaçu, 141
Licor de jabuticaba, 138
Licor de maracujá, 137
Limoncello e arancello, 142

Mamão cristalizado, 103
Mangada verde, 89
Manteiga Café de Paris, 32
Manteiga com cebola caramelizada e
    crispy de bacon, 35
Manteiga com chocolate amargo e
    raspas de laranja, 37
Manteiga de ervas, 31
Manteiga de escargot, 32
Marron glacé, 95
Molho de pimenta sriracha, 45
Molho de tomate, 20
Mostarda à moda antiga, 25
Nasu no tsukemono, 57
Papos de anjo, 96
Patê de fígado, 72
Piccalilli, 28
Picles de cebola roxa, 53
Picles de pepino "bread & butter", 51
Picles em salmoura, 64
Picles vietnamita, 52
Rillettes de porco, 76
Salmão curado, 79
Schnapps de canela, 150
Shrub, 134
Sunomono, 56
Terrine de campagne, 80
Terrine de legumes, 84
Terrine de polvo, 82
Vinagrete de mariscos, 60
Xarope de frutas, 130
Xarope de gengibre, 130
Xarope de quinino, 131
Xarope simples, 129
Xarope orgeat, 132

SOBRE OS AUTORES

Gil Gondim cresceu em Iturama, no Triângulo Mineiro, onde aprendeu com sua mãe a tradição dos doces, compotas e geleias. Há mais de vinte anos abriu a banqueteria que leva seu nome. Em 2015, publicou pela Editora Senac São Paulo o livro *Conservas do meu Brasil: compotas, geleias e antepastos*, com grande sucesso de vendas. É a chef curadora do evento Brunch na Catedral da Sé, onde realiza diversos trabalhos voluntários. Atualmente está focada no projeto Marco Zero da Gastronomia, que vai dar oportunidade de profissionalização nas áreas de gastronomia e eventos para pessoas em estado de vulnerabilidade.

Danilo Rolim nasceu e cresceu em Itapeva, no interior de São Paulo. Formou-se em direito na faculdade do Largo São Francisco e então entrou para o mundo da gastronomia, tendo se especializado em cozinha clássica no Institut Paul Bocuse em Lyon. Trabalha na empresa da Gil como chef executivo desde 2017, onde desenvolve as receitas e cardápios dos eventos. Em 2020, publicou com a professora e pesquisadora de gastronomia Daniela Narciso o livro *Farofa*, pela Editora Senac São Paulo.

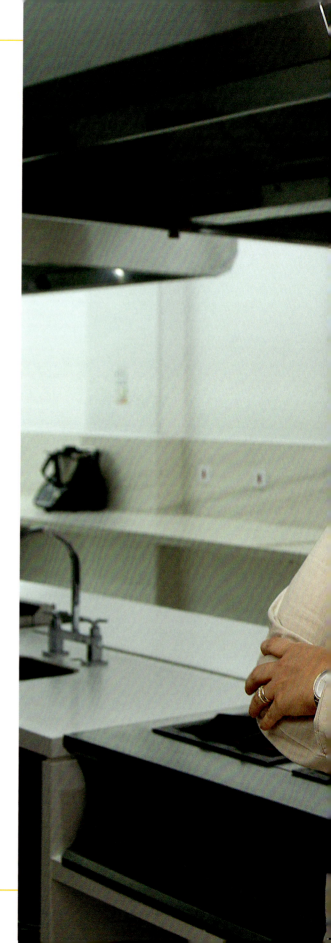